CHAMPAGNER
EINE DEUTSCH-FRANZÖSISCHE AFFÄRE

Reinhard Pietsch
Manfred Weber-Lamberdière

EINE DEUTSCH-FRANZÖSISCHE AFFÄRE

pagner

GRUBBE

INHALT

Champagner

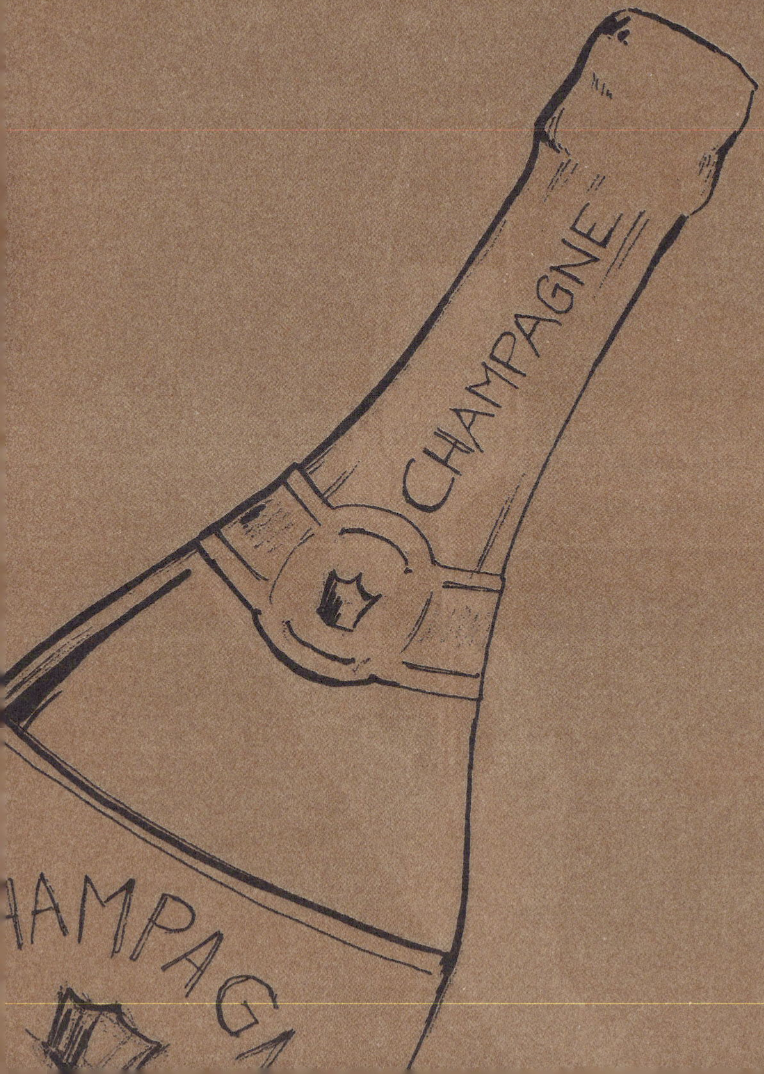
CHAMPAGNE

EINE WELTMARKE UND IHRE GEBURTSHELFER

»Wie lieb und luftig perlt die Blase
Der Witwe Klicko in dem Glase.«

Wilhelm Busch (1832 – 1908) | Die fromme Helene

In der Champagne liegt das Geld unter der Erde: mehr als 20 Milliarden Euro in Form von gefüllten Champagner-Flaschen, in hunderten von Kilometer langen Kreidehöhlen. Um die unterirdischen Lager etwa der Marke Mercier abzulaufen, bräuchte man mindestens einen ganzen Tag. Bei Moët & Chandon haben die Lager eine Länge von 28 Kilometern. Die Lager sind randvoll, jedoch nicht, weil sich der Wein der Könige schlecht verkaufen würde. Ganz im Gegenteil! Doch dieser weltweite Erfolg ist so alt noch nicht. Noch 1974 brachte das Anbaugebiet nur rund 100 Millionen Flaschen auf den Markt – heute mehr als das Dreifache.

Es waren meist Frauen, die die beste Promotion für den »Pailletten-Wein« machten, wie Franzosen-König Ludwig XV. sein Lieblingsgetränk nannte. Seiner Mätresse, Madame Pompadour, wird die Aussage zugeschrieben: »Nur Champagner macht Damen immer schöner.« Marilyn Monroe räkelte sich mit nichts als Laken und Champagner bekleidet vor der Kamera. Und das Top-Model Claudia Schiffer ließ im Mai 2002 für ihre Hochzeitsfeier 300 Flaschen 1995er Dom Pérignon entkorken (der allerdings etwas zu jung war).

Die großen Dichter der Nation huldigten dem Edel-Schaumwein. »Er ist der Wein aller Weine«, schrieb Charles Baudelaire in der Mitte des 19. Jahrhunderts. Alexandre Dumas (»Der Graf von Monte Christo«) konnte nur schreiben, wenn eine gekühlte Flasche neben dem Schreibtisch stand. Ähnlich ging es Marcel Proust. Voltaire hatte bereits 150 Jahre zuvor im Champagner die »Inkarnation des französischen Esprits« gesehen. Doch wenn Champagner so sehr für das typisch Französische steht, wie konnte es dann sein, dass einige der größten Champagner-Häuser in Reims und Épernay ausgerechnet von Deutschen gegründet wurden? Viele der Namen der bis heute renommiertesten Firmen sind unverkennbar deutschen Ursprungs – von »Bollinger« über »Deutz« und »Heidsieck« und »Krug« bis »Mumm«. Doch kaum jemand hat sich (außerhalb der wissenschaftlichen Welt) für dieses gemeinsame deutsch-französische Erbe interessiert.

Gewiss, aus den Deutschen wurden ja auch gute Franzosen, viele von ihnen heirateten Französinnen und sie nahmen rasch die französische Staatsangehörigkeit an. Sie änderten ihre für Franzosenohren so sperrigen deutschen Vornamen wie Anton zu Antoine, Friedrich zu Frédéric, Ludwig zu Louis und ihre Kinder und Kindeskinder fühlten sich zuerst als Franzosen.

Dieses gemeinsame Erbe wurde überschattet von der deutsch-französischen Vergangenheit. Dazu gehören die beiden Weltkriege und der Deutsch-Französische Krieg von 1870. Dass die Champagne eine Art Scharnier zwischen Ost und West, zwischen Frankreich und Deutschland ist und war, spürten die Champenois schmerzlich vor allem im Ersten Weltkrieg, den die Franzosen bis heute als den »Großen Krieg« bezeichnen. Die Region war damals Schauplatz mehrerer großer und verlustreicher Schlachten.

Es geht in diesem Buch um diesen Landstrich, der weltweit zum Synonym für überschäumende Lebensfreude geworden ist und in dem viele deutsch-französische Geschichten geschrieben wurden. Voller Tragik, wie die der Soldaten, die auf beiden Seiten jahrelang im Schützengraben ausharrten und um ihr Überleben kämpften. Voller Wagemut, wie die der deutschen Champagner-Pioniere, die rund um den Erdball nach neuen Kunden jagten und immer wieder Gefahren trotzen mussten.

Natürlich sollte nicht vergessen werden, dass der König des Weins auch etwas Leichtes, etwas Beschwingtes und Sorgloses hat. Wie konnte der »Champ« seine Ausnahmestellung über die Jahrhunderte halten? Mit einer Konkurrenz – Sekt, Prosecco, Crémant, Cava –, die im Allgemeinen weniger als ein Drittel des günstigsten Edelschaumweins kostet?

Die Qualität ist sicherlich ein Faktor, doch möglicherweise nicht der entscheidende. Champagner ist heute eine Weltmarke, die vermutlich so bekannt ist wie Coca Cola. Zum Markenimage zählen Attribute wie »edel«, »hohe Qualität« und »teuer«, er ist das Getränk für die »ganz besonderen Anlässe«, die Hochzeiten, Geburtstage, Siegesfeiern und Silvesterabende. Der Markenkern ist die Exklusivität, die heute auch rechtlich abgesichert ist (wenn auch nicht in allen Teilen der Welt): Nur Schaumwein aus der genau umrissenen Region der Champagne darf sich Champagner nennen. Das Markenversprechen lautet: Wer Champagner trinkt, der dokumentiert, dass er sich das Besondere leisten kann. Champagner symbolisiert den Reichtum, sei es nun altes oder neues Geld. Auch wer nicht zu dieser Einkommensgruppe gehört, gönnt sich ab und zu den Wein der Könige, um zumindest gelegentlich einen Zipfel dieses Glanzes zu erhaschen. Es ist der Wein der festlichen Ausnahmesituation.

Wie konnte der Schaumwein dieser kleinen Region im Norden Frankreichs zu dieser Weltmarke aufsteigen? So unromantisch es klingen mag, Werbung und »public relations« haben hier wesentlichen Anteil. Die Öffentlichkeitsarbeit begann bei der Krönung des ersten französischen Königs: Die bei diesen Feiern anwesenden Vertreter anderer Königshäuser nahmen damals den Wein aus der Champagne – der damals noch ein stiller Wein war – mit zurück in die Heimat. Ebenso war es danach bei allen Feierlichkeiten des französischen Hofes. Die Werbung ging weiter mit den größtenteils deutschen Handlungsreisenden, die die internationalen Märkte erschlossen. Und endet vorerst bei modernem Sponsoring, wie bei den James-Bond-Filmen. Auch ein Mythos will beworben werden.

Es gibt heute viele kleine und große Produzenten, Richard Juhlin verweist in seinem »Champagner Guide« auf fast 2500 – auch er musste in seinem 460-Seiten-Buch eine Auswahl treffen. Wir konzentrieren uns auf die Marken, bei denen deutsche Auswanderer eine besondere Rolle spielten, sei es als Handelsvertreter, Kellermeister oder als Gründer. Das ist keine besondere Einschränkung, denn die damit verbundenen Marken gehören bis heute zu den renommiertesten ihrer Art.

In diesem Buch zeichnen wir die Erfolgsgeschichte der Marke »Champagner« nach, beleuchten die historischen Zufälle und die Rahmenbedingungen, die diesen Aufstieg über einen Zeitraum von 350 Jahren ermöglichten. Wir werden wichtige Akteure porträtieren und deren oft abenteuerliches Leben schildern. Wir Menschen lieben Geschichten und manche davon verselbstständigen sich und werden zu Mythen. Wir werden die historische Forschung berücksichtigen, die nachweisen konnte, dass sich manche dieser Geschichten nur als werbewirksame Legenden herausstellten – was der Wirkung dieser Legenden bis heute oft wenig anhaben konnte.

Champagner repräsentiert Luxus – dieser Begriff musste jedoch erst noch geboren werden, dafür steht das Frankreich des 17. Jahrhunderts, das hier den Boden bereitete. Dass Frankreich bis heute mit Luxusmarken in Verbindung gebracht wird, dafür legte der »Sonnenkönig« die Grundlagen.

Champagner

REPRÄSENTIERT LUXUS

CHAMPAGNE

VON DOM PÉRIGNON BIS ZUR FRANZÖSISCHEN REVOLUTION

Champagner

EIN STILLER, LEICHTER ROTWEIN

Es waren die Römer, die den Wein nach West- und Mitteleuropa gebracht haben. Die ersten Weinberge wurden in Frankreich wohl um 100 v.Chr. angelegt. Und mit dem Christentum waren Brot und Wein feste Bestandteile der Eucharistiefeier. Da wundert es kaum, dass die Reben in Frankreich und so auch in der Champagne lange komplett in der Hand von Klöstern waren. Um 496 n.Chr. wurde der Messwein aus der Champagne die Eintrittskarte der Region in die Geschichte. Zu Weihnachten ließ sich der heidnische Frankenkönig Chlodwig I. in der Kathedrale von Reims taufen – ein entscheidender Schritt für den weiteren Aufbau des Frankenreichs. Seit dem Mittelalter wurden in der Kathedrale von Reims nahezu alle französischen Könige und Kaiser gekrönt. Und große Feiern begleiteten diese Ereignisse, Feiern, bei denen der Wein nicht fehlen durfte.

Heutige Maßstäbe sind hier allerdings fehl am Platz. Wein war ein verderbliches Gut und mangels Infrastruktur waren kurze Wege vom Erzeuger zum Verbraucher unabdingbar. Der Wein, der getrunken wurde, war der Wein aus der jeweiligen Region – sehr zum Vorteil für den Champagner-Wein aus der Umgebung von Reims. Dort wurde schon seit vielen Jahrhunderten Weinbau betrieben und der Wein aus der Region genoss einen exzellenten Ruf. Dazu kamen die guten Transportmöglichkeiten über die Marne nach Paris.

DER ANGEBLICHE ERFINDER DES CHAMPAGNER UND SEIN REGENT

Im 17. Jahrhundert sollten zwei Persönlichkeiten, die einander nie begegnet sind, für den Champagner eine wichtige Rolle spielen. Auf je ihre Art bereiteten sie das Feld, auf dem sich später der spritzige Schaumwein, wie wir ihn heute kennen, durchsetzen würde. Der eine war ein Mönch, der andere ein König, der Mönch nur wenige Monate jünger als der König. Beide starben im selben Jahr. Doch gleich vorab: Der Champagner-Wein hatte mit dem Champagner, wie wir ihn heute verstehen, nichts zu tun: Es war ein stiller, leichter Rotwein, so mochten es die Kunden, der König und der Mönch. Das hat aber die spätere Legendenbildung um das schäumende Edelgetränk nicht verhindert.

Dom Pérignon kam im Januar 1639 in Sainte-Menehould zur Welt, vermutlich kurz vor dem 5. Januar 1639, dem Tag, an dem er getauft wurde. Andere Quellen geben 1638 an, wohl um seine Geburt noch näher an die des im September 1638 geborenen Sonnenkönigs zu rücken. Auch die Statue, die heute zu seinen Ehren in Épernay im Hof des Champagnerhauses Moët & Chandon zu sehen ist, vermerkt 1638. In den Zeiten hoher Kindersterblichkeit waren bei den Katholiken Taufe und Geburt sehr kurz hintereinander, deshalb ist 1639 wahrscheinlicher. Dom Pérignon war eines von sieben Kindern, die Familie war wohlhabend und besaß Weinberge. So kam er wohl früh mit den Gepflogenheiten des Weinbaus in Berührung.

Nach dem Jesuitenkolleg trat er 1656 dem Benediktinerorden in Verdun bei und legte 1658 das Mönchsgelübde ab. Der Ordensalltag bestand aus »ora et labora«, aus Arbeiten, Beten und Studieren und so erwarb er neben praktischen Erfahrungen in der Landwirtschaft auch umfassende Kenntnisse in Philosophie und Theologie. 1666 oder 1667 – genauer weiß man es nicht – wurde er zum Priester geweiht und trat 1668 der Benediktiner-Abtei Saint-Pierre d'Hautvillers bei, in der er bis zu seinem Tod wirkte. Die Abtei war damals eher unbedeutend.

Die Klöster verfügten über umfangreiche Ländereien, die landwirtschaftlich genutzt wurden und deren Produkte für den Verkauf bestimmt waren. Dom Pérignon hatte in der Abtei die wichtige Aufgabe eines »procureurs«, eines Generalbevollmächtigten. Damit unterstand ihm auch die Aufsicht über die Weinberge und die Keltereien. Und hier setzt nun die Legende ein, die in ihm den Vater des Champagner, des edlen Schaumweins, sehen möchte und als der er bis heute gerne gefeiert wird.

Ausgangspunkt sei eine Pilgerreise nach Spanien gewesen, während der er die Schaumweine von Limoux kennengelernt habe – der Ort im Süden Frankreichs liegt nahe an der Grenze zu Spanien. Diese schäumenden Limoux-Weine wurden bereits 1544 erstmals erwähnt. Sie wurden und werden bis heute nach der »méthode rurale« erzeugt. Dabei wird der noch nicht durchgegorene Traubensaft oder Most sehr früh in luftdichte Behälter abgefüllt – ob es schon Glasflaschen waren, lässt sich nicht feststellen –, um darin weiter zu gären. Dabei entsteht die Kohlensäure, die das Schäumen bewirkt. Dom Pérignon habe dieses Wissen dann in Hautvillers genutzt.

Die meisten neueren Forscher sind sich einig, dass Dom Pérignon den Champagner, wie wir ihn heute kennen, nicht erfunden hat – diese Legendenbildung geht auf das 19. Jahrhundert zurück. Zudem durften Messweine sicherlich nicht moussieren und die zusätzliche, anscheinend zufällig produzierte Kohlensäure, nachdem man Wein in Flaschen abgefüllt hatte, wurde eher als ein Mangel angesehen. Die Fässer, in denen der Wein gelagert und üblicherweise gehandelt wurde, waren nie so dicht, dass sich die Kohlensäure hätte stauen können; die Abfüllung in Flaschen war teuer und zu Anfang eher die Ausnahme.

Doch welche Rolle spielte Dom Pérignon wirklich auf dem Weg zu dem, was wir heute unter Champagner verstehen? Er beeinflusste und verbesserte sicherlich den Weinbau. Er erkannte die Bedeutung des Rebschnitts und damit den Zusammenhang zwischen der reduzierteren Ertragsmenge und der besseren Qualität der Trauben. Er soll die Trauben sorgfältig ausgewählt und selbst verkostet haben, ehe er sie für die Kelter zuließ. Und er mischte den Traubenmost verschiedener Lagen und Jahrgänge miteinander, um ein optimales Cuvée zu erreichen. Er galt als ein Künstler in der Komposition feiner Weine, der »assemblage«, und erhöhte so die Qualität entscheidend.

Die Trauben zu bekommen war für das Kloster allerdings kein Problem. Die Regelung des Zehnten, wonach die Bauern diesen Anteil an ihrer Ernte dem Kloster abzuliefern hatten, sorgte für reichlich kostenlosen Nachschub. Die Klöster waren außerdem von der Steuer befreit. »Niemals war ein Mensch geschickter in der Herstellung von Wein. Er war es, dem der Wein jener Abtei solch großen Ruf verdankt«, vermerkte Jean Gobineau, ein Geistlicher aus Reims, 1722 in seinem Werk über den Weinbau in der Champagne. Mit »jener Abtei« ist natürlich Hautvillers gemeint.

Vielleicht war es ein Zufall, dass Dom Pérignon die Flaschengärung und seine Folgen entdeckt hat, doch der Schaum war unwillkommen und der Mönch hat zeitlebens dagegen gekämpft. Schaum hielt er für einen Fehler in der Weinherstellung. Er hat sicherlich nie ein Glas Champagner, gut gekühlt (wie sollte damals Kühlung möglich gewesen sein?), erhoben und seinen Ordensbrüdern zugerufen: »Kommt meine Brüder, ich trinke Sterne« (»Venez mes frères, je bois des étoiles«). Der Ausspruch des Entzückens, der Dom Pérignon zugeschrieben wird, ist eine

Erfindung des Champagner-Marketings (wie die Werbung damals gewiss noch nicht hieß) gegen Ende des 19. Jahrhunderts.

Dom Pérignon starb am 24. September 1715, wenige Wochen nach seinem König Ludwig XIV., der am 2. September desselben Jahres zu Grabe getragen wurde. Und über diesen König und dessen tonangebende Rolle für ganz Europa muss nun etwas genauer berichtet werden.

DER AUFSTIEG FRANKREICHS ZUR LUXUSMARKE

Ludwig XIV. wird gerne neben dem Benediktiner genannt, weil sie beide nahezu zeitgleich gelebt hatten. Doch der »Sonnenkönig« gehört nicht nur aus dieser eher zufälligen Parallelität in die Vorgeschichte des Champagners. Dem absolutistischen Herrscher gelang es, Frankreich und die französische Lebensart zu einer Marke zu machen, die bis heute für Luxus und Raffinesse steht – die Grundlage, auf der nach ihm der schäumende Champagner gedeihen sollte.

Ludwig XIV. kam am 5. September 1638 zur Welt. Bereits 1643 mit dem Tod seines Vaters Ludwig XIII. wurde er als Vierjähriger König von Frankreich. Die Regierungsgeschäfte lagen allerdings in den Händen seiner Mutter Anna von Österreich und des Kardinals Jules Mazarin (1602 – 1661), den sie zum Premierminister ernannt hatte. 1648 wurde mit der Unterzeichnung des Friedensvertrags von Münster und Osnabrück der Dreißigjährige Krieg beendet, der wie kein Krieg zuvor ganze Landstriche in Mitteleuropa entvölkert hatte und auf dem Gebiet des deutschen Reichs einen Flickenteppich von über 300 Kleinstaaten hinterließ. Aus diesem Konflikt ging Frankreich als Sieger hervor.

1651 wurde Ludwig – gerade mal 13 Jahre alt – für volljährig erklärt und drei Jahre später, am 7. Juni 1654, erfolgte die eigentliche Krönung und Salbung in der Kathedrale von Reims. Serviert wurde bei den Feierlichkeiten Wein aus der Champagne. Mazarin begleitete die Staatsgeschäfte des Königs, sodass dieser bestens vorbereitet war, als er sie mit dem Tod des Kardinals im Jahr 1661 als 22-Jähriger ganz übernahm.

Zu Beginn der Regierungszeit des Sonnenkönigs Ludwig XIV. verband das Ausland Frankreich nicht gerade mit feinerer Lebensart. Der kometenhafte Aufstieg zur Luxus-Supermacht war eine Staatsaffäre, gelenkt aus dem Palast in Versailles. Ganz Europa wusste unter dem Sonnenkönig in Windeseile, was man in Paris trug und was man in ganz Europa zu tragen hatte. Er setzte Maßstäbe in Architektur, Gartengestaltung, Kleidung und Geschmack, denen die Fürstenhäuser ganz Europas nacheiferten. Ludwig hielt sich nie zurück, er kostete seine Macht aus und wollte ganz Europa beeindrucken. Er legte den Grundstein dafür, dass »der Adel des Reiches, die europäischen Höfe und die französische Bevölkerung« bis 1789 davon überzeugt waren, dass sich der »Schlüssel zur Macht in Versailles befand.«

Besonders nachhaltigen Eindruck machten seine rauschenden Feste – das erste 1664. Auch die fanden ihre Nachahmer in ganz Europa. Und Essen und Trinken wurde unter dem Sonnenkönig zum Zeichen der Macht, zum täglichen Kult. Der Hofstaat wartete oft stundenlang, bis der Türsteher an den Gardensaal klopfte und ausrief: »Mesdames et messieurs, à la viande du Roi«, womit zu Tisch gebeten wurde. »La viande« – Fleisch spielte dabei eine große Rolle, doch der Ausdruck stand stellvertretend für alle Speisen. Die Speisen wurden dann nicht einzeln von Dienern aufgetragen, dieser sogenannte »russische Service«

kam erst Mitte des 19. Jahrhunderts auf. Die französische Art der Präsentation erinnert an die abgezirkelten Gärten der Zeit: die Speisen wurden je Gang alle gleichzeitig auf dem Tisch präsentiert, dekorativ und symmetrisch angeordnet. Der Tisch durfte nie vollständig leer sein, sobald ein Gang abgeschlossen war, musste der nächste aufgetragen werden. Man kann davon ausgehen, dass die meisten Speisen bereits kalt waren, wenn man sie zu sich nahm. Immer mal wieder mussten Soßen dafür sorgen, dass man nicht bemerkte, wenn etwas nicht mehr ganz frisch war.

Bei Hofe musste besonders bei einem »grand couvert«, einem Großen Gedeck, eine fantastische Völlerei geherrscht haben. Ludwig XIV. selbst konnte bei diesen öffentlichen Essgelagen offenbar Unmengen scheinbar mühelos verzehren. Solche Mahlzeiten konnten bis zu 40 Gänge umfassen. Doch dieser Reichtum hatte seine Schattenseiten. Aus heutiger Sicht waren es nämlich katastrophale hygienische Verhältnisse.

Toiletten in unserem heutigen Sinne mit Wasserspülung und Kanalisation gab es nicht. Der König und sein engster Kreis nutzten sogenannte »Leibstühle«, das waren thronartige Sitze mit eingebautem Nachttopf. Im Schloss gab es 274 solcher Stühle. Die Räume, in denen sie untergebracht waren, nannte man »cabinets des affaires«, von daher vermutlich die Eindeutschung »(s)ein Geschäft erledigen«. Auch dieses »Geschäft« konnte öffentlich sein. Während der König oder die Königin auf ihrem »Thron« dem Ruf der Natur folgten, waren Mitglieder des Hofstaats anwesend, mit denen man plauderte oder auch ganz andere »Geschäfte« erledigte. Im Übrigen: Die erfinderischen Engländer kannten in der Mitte des 17. Jahrhunderts schon so etwas wie eine Wasserspülung, die in Frankreich noch sehr selten war. Man nannte sie

»cabinets à l'anglaise« – wir werden in diesem Buch erfahren, dass die Engländer nicht nur in Sachen Hygiene, sondern auch beim Champagner eine wesentliche Rolle spielen werden.

Die zahllosen Gäste der oft mehrtägigen Festgelage konnten diese Stühle nicht nutzen. Ihnen blieb nichts anderes übrig, als ihre Notdurft in den Ecken zu verrichten, die Exkremente wurden dann von Dienern beseitigt – es musste daher unglaublich gestunken haben. Läuse und Flöhe waren ständige Begleiter, die auch vor dem Hochadel keinen Respekt hatten.

Die Menschen wuschen sich damals nicht mit Wasser, benetzten damit allerhöchstens die Hände und das Gesicht. Und das Trinkwasser war knapp und oft kontaminiert, um es genießbar zu machen, musste es immer abgekocht werden. Wasser möglichst zu vermeiden war deshalb durchaus berechtigt, beruhte es doch auf der Beobachtung, dass es tatsächlich Krankheiten verbreitete. Zu den Mahlzeiten, auch tagsüber, trank man lieber Wein und war auf der sicheren Seite. Alkohol tötet Keime.

Gleichwohl wurde viel Wasser verbraucht, allerdings für die Springbrunnen und Wasserspiele, nicht für die eigene Hygiene. Es gab zwar Bäder, die aber eher für Liebesspiele als für die Reinigung gedacht waren. Ärzte im 17. Jahrhundert bewerteten Baden ohnehin als »überflüssig und äußerst schädlich«, weil es den Körper »erschöpfe und aufschwemme«.

EIN NACHGESTELLTES FESTMAHL IM STILE LUDWIGS XIV.

2010 wurde ein üppiges Festessen im Stil Ludwigs XIV. veranstaltet. Den Anlass bot eine Ausstellung in Versailles über den Sonnenkönig. Dabei konnten sich 40 handverlesene Gäste davon überzeugen, wie maßlos diese Gelage waren. Die Veranstalter haben allerdings nicht in allen Details auf eine authentische Reproduktion der damaligen Verhältnisse beharrt – die extrem unhygienischen Verhältnisse bei Hofe blieben den Gästen natürlich erspart. Bei der Organisation musste gleichwohl einiges Ungewöhnliche beachtet werden. Das Protokoll legte fest, dass kein Champagnerglas auf dem Tisch stehen durfte. Vielmehr wurden sie von Bedienungen auf silbernen Tabletts angeboten. Jeder Gast musste darauf das Glas in einem Zug leeren, bevor es wieder auf das Tablett wanderte.

Zum Festmahl gereicht wurde »Dom Pérignon«, der Premiumchampagner aus dem Hause Moët & Chandon, dessen Chef Richard Geoffrey Mitorganisator des Events war. Es war ein gelungener Event, auch wenn mit der Geschichte ein wenig großzügig umgegangen wurde. Ob damals überhaupt schon Schaumwein getrunken wurde – geschweige denn, in solchen Mengen –, wissen wir nicht. Und auch was Dom Pérignon, den Mönch, angeht – trotz besserer Einsicht der Historiker hält sich die Legende vom »Vater des Champagners« bis heute hartnäckig.

Nach außen wirkte die glanzvolle Seite von Versailles. Unser Bild und das Bild, das lange ganz Europa überstrahlte, ist geprägt vom barocken Prunk, der üppigen Mode mit ihren gewaltigen Perücken, den prachtvollen Schlössern mit ihren abgezirkelten Gärten – diese Strahlkraft von Versailles hält bis heute an. Das neue Luxus-Frankreich war dabei das Werk einer einzigen Person, des Königs. Und die vielen hundert Menschen, die Schloss und Umgebung damals bevölkerten, hatten nur ein Ziel: dem Sonnenkönig möglichst nahe zu kommen. Nähe bedeute Status und dafür war man bereit, Opfer zu bringen, Missstände in Kauf zu nehmen und dafür auch zu bezahlen. Die Nähe zum König hatte ihren Preis.

Die Strahlkraft des Hofes umfasste auch die Sprache. Französisch entwickelte sich im 17. und 18. Jahrhundert zur Sprache des guten Geschmacks. Im 18. Jahrhundert übernahm selbst der russische Adel französische Sitten und sprach eher Französisch als Russisch. Auch Maria-Theresia, die Erzherzogin von Österreich und Königin von Ungarn, sprach Französisch mit ihren Kindern – von 16 hatten immerhin 10 überlebt.

Frankreich war ein Agrarland und der Weinbau spielte schon damals eine große Rolle. Um zu verstehen, wie Weinbauern damals wirtschafteten, müssen wir das Wirtschaftssystem skizzieren – »System« ist dabei etwas zu hoch gegriffen, dazu hat es erst die im 18. Jahrhundert neu entstandene Disziplin der Nationalökonomie gemacht. Im absolutistischen Frankreich gab es eine spezielle Form des Merkantilismus, die auf Jean-Baptiste Colbert (1619 -–1683) zurückging. Colbert kam aus Reims, war zunächst privater Vermögensverwalter von Mazarin, wurde Wirtschaftsminister unter Ludwig XIV. und übernahm nach dem Tod von Mazarin 1661 die Regierungsgeschäfte. Nur der König war noch über ihm, außerdem lag das Heer nicht in Colberts Verantwortungsbereich.

Das System Colbert bestand darin, dass »la taille« eingetrieben wurde. Dies war keine Steuer auf Einkommen, also keine direkte Steuer, sondern ein »impôt de réparation«, eine Art indirekte Steuer, eine Ausgleichszahlung, die nicht auf konkreten Einkünften beruhte. Berechnungsgrundlage war eine vom königlichen Rat im Voraus fixierte Summe, die über die Distrikte einzutreiben war; die meisten Adeligen und Kleriker (Klöster) waren davon ausgenommen.

Handelspolitisch lag der Schwerpunkt auf der Steigerung der Einnahmen durch Exporte, während Importe – die ja Kosten bedeuteten – durch hohe Zölle und Verbote behindert wurden. Der Wohlstand und die Wirtschaft von Frankreich hatte allein dem Staat zu dienen. In einem Erlass von 1670 wird deutlich, dass der Staat mit dem König gleichgesetzt wurde (»L'État c'est moi«). Diese Wirtschaftsform diente dazu, den Monarchen mit den Mitteln auszustatten, die er für seinen Ruhm (mit anderen Worten: seine Kriege) und für die Aufrechterhaltung der Ordnung benötigte. Dabei wurden auch Manufakturen und Gewerbe gefördert und angesiedelt, die diesem Ziel dienen konnten. Doch war dies sicherlich kein wirtschaftliches Umfeld für freies Unternehmertum.

Im System Colberts, des mächtigen Finanzministers unter Ludwig XIV., waren die Warenproduktion und der Austausch staatlich geregelt. Es gab nur einen »marché commun«, die Wirtschaft hatte dem Staat und damit dem König zu dienen. Der Markt wurde durch das System der »courtiers« geregelt, das waren Makler, die zwischen Käufer und Verkäufer vermittelten. Die Institution der »courtiers« geht zurück auf das 14. Jahrhundert. Es handelte sich quasi um offiziell eingesetzte Vermittler, die im Falle von Wein die Rechte des Verkäufers und Produzenten und des Käufers garantierten, Kauf und Verkauf reglementierten und überwachten. Nachdem es Wildwuchs gegeben hatte, wurde die Anzahl der offiziell bestellten »courtiers« 1654 beispielsweise in Reims auf 18 beschränkt. Die »courtiers« waren eine Art Beamte, für die festgelegt war, was sie für ihre Dienste verlangen durften – vergleichbar der Gebührenordnung, die es heute für bestimmte Berufsgruppen gibt. Wer gegen diese Vorschriften verstieß, sich etwa bestechen ließ oder private Geschäfte machte, wurde bestraft – natürlich nur, wenn er erwischt wurde.

Ludwig XIV. starb am 1. September 1715 durch Wundbrand an seinem linken Bein und wurde später in der Kathedrale von Saint-Denis begraben, der traditionellen Grablege der französischen Könige. Der Sonnenkönig hatte das französische Territorium wie keiner seiner Vorgänger vergrößert. Frankreich hatte sein Kolonialreich erweitert und war zum mächtigsten Staat und kulturellen Zentrum Europas avanciert. Beim Tod Ludwigs XIV. war Frankreich das reichste Königreich Europas mit überdurchschnittlichen Staatseinnahmen – aber auch gewaltigen Schulden. Der Zenit war erreicht und bereits überschritten. Der Niedergang war vorgezeichnet, die vielen Kriege forderten ihren Tribut. Die Staatsschulden betrugen durch die harten Anforderungen des Spanischen Erbfolgekrieges (1702 – 1713) 3,5 Milliarden Livres – die Livre (zu deutsch: Pfund) war vom 9. bis zum 18. Jahrhundert die französische Einheit der Silberwährung. Als Ludwig im Jahr 1715 starb, standen Steuereinnahmen von 69 Millionen Staatsausgaben von 132 Millionen Livres gegenüber. Dennoch, wenn man das Leben am französischen Hof mit einem Wort zu beschreiben hätte, dann wäre das: Luxus. Kein Wunder, dass mit der Architektur und den Moden dieses Wort seit dem 17. Jahrhundert in der deutschen Sprache heimisch wurde.

»Der Wein steigt in das Gehirn, macht es sinnig, schnell und erfinderisch, voll von feurigen und schönen Bildern.«

William Shakespeare (1564 – 1616)

WEIN IN FRANKREICH IM 17. JAHRHUNDERT

Ludwig XIV. bevorzugte den Wein aus der Champagne, nicht zuletzt auch beeinflusst durch seinen Minister Colbert, der ja aus Reims stammte. Zumindest bis 1694. Da verbot ihm sein neuer Leibarzt Guy-Crescent Fagon (1638 – 1718) den Wein aus der Champagne, weil er angeblich Gicht fördere. Fagon verordnete stattdessen Burgunder-Wein. Es gab immer wieder ein Gerangel zwischen den Winzern aus der Champagne und den Weinbauern aus dem Burgund darum, welcher der bessere und der gesündere Wein sei. Beide standen damals in Konkurrenz zueinander und einmal war der Burgunder mehr in Mode, einmal der Wein aus der Champagne. Es gab regelrechten Wettstreit, bei dem Ärzte die gesundheitlichen Vorzüge des einen oder anderen Weines wortreich hervorhoben – Marketing à la 17. Jahrhundert, wir werden in einem späteren Kapitel darauf etwas ausführlicher eingehen.

Bei Wein ging es in dieser Zeit meist um leichten stillen Rotwein, »vin clairet«, er bildete den Hauptanteil, gefolgt von »vin gris« (Weißwein, der aus roten Rebsorten mit weißem Fruchtfleisch gewonnen wurde) und an dritter Stelle Weißwein aus weißen Trauben, »blanc de blanc«, wie er später einmal genannt werden sollte.

Seit der Renaissance bildeten Weißweine die Weine der Oberschichten, der »gens délicats«. Sie waren empfindlicher und deshalb teurer als Rotweine und vertrugen keine langen Transportwege. Rotweine betrachtete man als die Weine der arbeitenden Bevölkerung. Man schrieb ihnen einen höheren Nährwert zu, sie galten darüber hinaus als schwerer verdaulich. Einfache Rotweine bildeten bis 1789 den Hauptanteil und das ökonomische Fundament der Weinproduktion in der Champagne. Einige wenige Produzenten verlegten allerdings schon gegen Ende des 16. Jahrhunderts die Produktion auf Weißweine – so erstmals in Aÿ –, um der Nachfrage der »besseren Kreise« gerecht zu werden. Was in Paris letztlich getrunken wurde, unterlag den zahlreichen Beschränkungen der Zeit: Binnenzölle, Transportwege, althergebrachte Rechte verhinderten, dass Weine aus anderen Regionen oder gar aus dem Ausland nach Paris gelangten.

Ludwig XIV. und sein Hofstaat bevorzugten stille Weine und diese reichlich. Sein Lieblingswein war – zumindest bis 1694 – ein Rotwein aus Bouzy, einem kleinen Ort in der Montagne de Reims. Man kann davon ausgehen, dass der Hof als Großverbraucher den Wein in Fässern bezog. Dass die Flaschenabfüllung, eine Voraussetzung für den Schaumwein, noch nicht besonders verbreitet war, wird auch dadurch deutlich, dass es für den Wein ab 1691 nur eine auf das Fass bezogene Besteuerung gab (allerdings waren Adel und Klerus von der Steuer befreit).

Flaschen wurden für das Servieren der Weine verwendet und bestanden aus dünnem Glas, vergleichbar unseren Weingläsern. Sie waren weder geeignet für die längere Aufbewahrung, noch hielten sie dem Druck stand, der sich unter dem Gärprozess in einer verschlossenen Flasche aufbaut. Im Übrigen war Glas damals ein wertvolles und teures Produkt, die Herstellung steckte noch in den Kinderschuhen.

Flaschen zur Abfüllung wurden 1629 – andere Quellen nennen 1632 – erstmals erwähnt. Glasflaschen kamen zum Einsatz, sicherlich auch unter Dom Pérignon, doch in einem bescheidenen Umfang. Der Verschluss bildete ein Problem. Denn gut »verschlossen« waren die damaligen Flaschen in Frankreich gewiss nicht. Lange Zeit diente ein »broquelet« – ein Holzpfropfen, der mit einem in Öl getränkten Tuch umwickelt war – als Verschluss. Sehr dicht war dies gewiss nicht, eventuell sich bildendes Kohlendioxid konnte leicht entweichen – der Wein blieb still.

Einer Anekdote zufolge habe Dom Pérignon den Flaschenhals zusätzlich zur besseren Isolation mit Bienenwachs verdichtet. Nach einigen Wochen seien die Flaschen explodiert, weil sie dem Druck nicht mehr standhalten konnten. Der Restzucker im Wachs hätte eine zweite Gärung ausgelöst – über das dabei freiwerdende Kohlendioxid sei der Druck in der Flasche so stark gestiegen, dass das Glas zersprang. Es ist durchaus möglich, dass der Mönch so auf das Phänomen der durch Zucker ausgelösten zweiten Gärung gestoßen war, die für die Champagnerproduktion entscheidend werden sollte. Doch seine Begeisterung wird sich in Grenzen gehalten haben – zumal man damals die chemischen Vorgänge weder verstand noch kontrollieren konnte. Geborstene Flaschen und verschütteter Wein (der dann blitzschnell seine gesamte Kohlensäure abgab) bedeuteten Verlust, verschütteter Wein lässt sich ja nicht mehr verkaufen...

Doch in der zweiten Hälfte der Regentschaft des Sonnenkönigs hatten manche Hersteller diese Probleme offenbar besser im Griff. Schäumende Weine wurden beliebter – besonders unter den Damen der Gesellschaft, auch wenn diese Neigung bisweilen noch als »vulgär« bezeichnet wurde. Weder Dom Pérignon noch Ludwig XIV. mochten die Bläschen – sie hielten sie für ein Zeichen »lasterhaften Lebensstils«. Zu Anfang des 18. Jahrhunderts wurde nach wie vor hauptsächlich leichter Rotwein gekeltert, der Anteil der Schaumweine lag noch deutlich unter zwei Prozent. Es waren dies Weine, die sich nur die sozialen Eliten leisten konnten. Weißwein war bereits teurer und Schaumwein war noch teurer, die Herstellung erwies sich aufgrund der Ausfälle durch Glasbruch als riskant und gefährlich. Viele Hersteller sperrten sich, doch der Nachfragedruck stieg. Und beharrliche Nachfrage war tatsächlich der treibende Faktor – allerdings aus England.

DIE ENGLÄNDER ALS GEBURTSHELFER

Es sind immer wieder zufällige äußere Umstände, die eine Entwicklung befördern. Unter Historikern ist inzwischen unumstritten, dass die weitere Entwicklung des »französischsten aller Weine« einen Umweg über England genommen hat. Die Engländer haben traditionell Wein in Fässern aus der Champagne bezogen – vorzugsweise »vin gris«, einen aus blauen Trauben gekelterten, fast weißen Wein. Sie haben diesen Wein jedoch weiterverkauft und das normalerweise in kleineren Chargen. Hier nun kam die Flasche ins Spiel, die für die Lagerung und den weiteren Verkauf ideal war.

Vermutlich war es zu Anfang so, dass dann Hefe- und Zuckerreste bei einigen der Flaschen im wärmeren Frühjahr zu einer Nachgärung geführt haben. Der Effekt war sicherlich zunächst unerwartet und unbeabsichtigt, nicht anders als vor Urzeiten die erste alkoholische Gärung in einem Getreide-Wasser-Gemisch – die Keimzelle von Bier. Offenbar hat diese Schaumbildung den Engländern gefallen und man erkannte den Zusammenhang mit dem Restzucker und der Hefe. Als Geburtsjahr des Schaumweins wird häufig das Jahr 1660 genannt.

Drei Faktoren trugen wesentlich zu dieser Geburtshelferrolle bei: die Verwendung von Kork als luftdichte Flaschenverschlüsse, die dank neuerer Methoden der Glasherstellung stabileren Flaschen und der Zeitpunkt der »tirage«, der Flaschenabfüllung.

Korken aus der Rinde der Korkeiche waren in Portugal und Spanien bereits bekannt; Pilger nutzten sie für ihre Wassergefäße. Die Engländer verkorkten auch ihre Bierflaschen. Der Korkverschluss war luftdicht, musste allerdings bei den nachgärenden Weinen auch einem enormen Druckaufbau in der Flasche standhalten. Deshalb kam dazu noch eine Verschnürung, später dann die Verdrahtung, die den Korken festhielt, sodass auch bei dem erhöhten Druck der Verschluss gesichert war (»ordonnance royale« von März 1735).

Die verbesserte Glasqualität war willkommener, wenn auch vermutlich unerwarteter Nebeneffekt eines Erlasses des englischen Königs. Die Verwendung von Holz für die Befeuerung der Glasschmelzöfen wurde zunächst eingeschränkt und dann sogar verboten. Das Holz wurde für den Bau der Schiffe benötigt, mit denen die englische Flotte nach und nach die Weltmeere beherrschen sollte. Jakob I. (1566 – 1625) hatte den Einsatz von Holz 1615 verboten. Treibende Kraft war hier wohl Admiral Sir Robert Mansell (ca. 1570 – 1652). Import von Glas war keine Lösung. Die Einfuhr war verboten, Glas musste im eigenen Land produziert werden. Mansell besaß bereits ab 1611 das Monopol in der Glasherstellung, das ihm von Jakob I. verliehen und von seinem Nachfolger Karl I. (1625 – 1649) bestätigt wurde. Mansell behielt dieses Monopol bis 1642. Der ehemalige Admiral erinnert an die Oligarchen unserer Tage, die sich mit den Mächtigen verbrüdern und trotz zweifelhafter Vergangenheit Oberwasser behalten. Als Marineschatzmeister hatte er Gelder veruntreut und stand gleichwohl unter dem Schutz des Königs.

Ab 1615 musste also Kohle verfeuert werden. Die Kohle erzeugte eine viel größere Hitze, sodass dickere und stabilere Gläser hergestellt werden konnten, die auch höheren Druck aushielten. Die Umstellung von Holz auf Kohle darf man sich allerdings nicht so einfach vorstellen. Probleme bereitete die Rußentwicklung und der Gehalt an Pyriten, was zur Bildung von giftigem und unangenehm riechendem SO_2 führte und das Glas verdorben hätte – in der Nähe solcher Glasmacher wollte gewiss niemand wohnen. Es gab auch entsprechende Proteste von Anwohnern, ja regelrechte Aufstände gegen sie, z.B. in Warwickshire, wo die Glasmacher gewaltsam vertrieben wurden. Nicht jede Kohle war zudem dafür geeignet; Kohle aus Schottland war schwefelärmer, hatte nur einen Nachteil: sie war teurer. Es bedurfte darüber hinaus auch anderer Öfen – also in weiten Teilen eine komplett neue Technologie.

DIE FLASCHE KAM AUS ENGLAND

1632 wurde die Glasflasche von dem Engländer Sir Kenelm Digby (1603-1665; Patent 1662) erfunden; Glas war damals teuer. Mitte des 18. Jahrhunderts veränderte sich die Flaschenform von der ungünstigen Apfel- hin zu einer gestreckteren Birnenform. Glas war früher eher schwarz, später olivfarben, dann grau. Gegen Ende des 18. Jahrhunderts wurde der Hals immer länger. Die Wölbung im Flaschenboden, durch die die Druckfestigkeit erhöht wurde, haben auch die Engländer eingeführt. Noch war man weit entfernt von der Flasche, wie wir sie heute kennen. Erst gegen Ende des 19. Jahrhunderts fand sie die heute übliche Form. 1894 wurde die erste Glasflasche maschinell hergestellt – allerdings für Cognac. Die maschinelle Herstellung im großen Stil, die für eine gleichmäßige Flaschenqualität und damit geringstmögliche Bruchgefahr sorgte, war erst ab Anfang des 20. Jahrhunderts möglich. Glas war seit der Mitte des 19. Jahrhunderts zur populärsten Art von Weinbehälter geworden, weil Glas geschmacksneutral ist.

Der Zeitpunkt der »tirage«, das Umfüllen auf Flaschen, war der dritte Faktor. Nachdem man erkannt hatte, dass der Zucker bei der Schaumentwicklung eine Rolle spielte, experimentierte man mit einem Zuckerzusatz, der den Wein sprudelnd und spritzig machen sollte. Im kalten Winter ruhte der Wein in den Fässern. Mit Beginn der wärmeren Jahreszeit wurde er auf Flaschen gefüllt und so kam es zur zweiten Gärung, zur Flaschengärung, nun nicht mehr durch den zufällig im Wein vorhandenen Restzucker, sondern durch dessen systematischen Zusatz. Der richtige Zeitpunkt war oft ein gutgehütetes Geheimnis. Der März schien dafür ideal zu sein. In einem Vortrag des Arztes und Naturforschers Christopher Merret im Jahr 1662 vor der Royal Society wurde dieses Verfahren detailliert beschrieben und.später patentiert.

Fairerweise muss ergänzt werden, dass Franzosen dabei auch eine Rolle gespielt haben – Exilfranzosen. Der einflussreichste und bekannteste von ihnen war sicherlich der Schriftsteller und Philosoph Charles de Saint-Évremond (1613 – 1703). Saint-Évremond hatte sich in einem Brief, der durch Zufall entdeckt wurde, kritisch über die Politik des Kardinals Jules Mazarin, damals Minister unter Ludwig XIV., geäußert. Um der Verhaftung zu entgehen, floh er in die Niederlande und gelangte 1662 schließlich nach England, wo ihn Karl II. willkommen hieß und ihm sogar eine Pension zusprach. In London richtete Saint-Évremond einen Salon ein, in dem es in Liebesdingen sehr freizügig zuging, das Spiel und die geistreiche Konversation gepflegt wurden. Außerdem bezog er Wein aus seiner Heimat, vorzugsweise aus der Champagne und von seinem Freund, dem Marquis de Sillery. Er mochte geschmacksbildend gewesen sein für die gehobene englische Gesellschaft seiner Zeit.

ENGLAND WIRD MODE IN FRANKREICH – DAS ANCIEN RÉGIME ZEIGT RISSE

Der Schaumwein war zunächst ein Zufallsprodukt. Nachdem Wein in Flaschen umgefüllt worden war, kam es gelegentlich in der wärmeren Jahreszeit zu einer Nachgärung, die irgendwie mit Resten von Hefe und Zucker zusammenhing. Der Naturforscher und Arzt Christopher Merret hatte bereits 1662 erkannt – ohne die chemischen Abläufe zu verstehen –, dass durch bewusste Zugabe von Zucker bei der Abfüllung im Frühjahr dieser Effekt gezielt herbeigeführt werden konnte. Der schäumende Wein wurde Mode und kam beim englischen Publikum, besonders dem jüngeren, sehr gut an. Das färbte über auf den Kontinent. Um 1710 – 1720 fing eine regelrechte Anglomanie in Frankreich an und mit ihr die Nachfrage nach dem schäumenden Wein. Diesem Nachfragedruck musste die heimische Produktion nachgeben.

Das Ancien Régime zeigte in dieser Zeit erste Auflösungserscheinungen. In Teilen Europas hatte man sich lange am Modell der geometrisch abgezirkelten Gartenarchitektur von Versailles orientiert und sie kopiert. Kunsthistoriker haben für diese Epoche den Begriff »Barock« geprägt. Nun wurde immer mehr die offenere, englische Landschaftsarchitektur beliebt. In der Barockzeit wurde die Natur zugerichtet und zugeschnitten und in ein geometrisches Korsett gezwängt; nun ließ man die Natur als Natur zu, ja man kann sagen: Das moderne Konzept »Natur« wurde in dieser Zeit überhaupt erst geboren. In Frankreich war es Jean-Jacques Rousseau, dessen »zurück zur Natur« sprichwörtlich geworden ist. Die bürgerliche Aufklärung setzte ein, in Abgrenzung zur strengen polyphonen Musik des Barock wurde die im gefälligen »galanten Stil« komponierte homophone Musik der Vorklassik immer beliebter. Opernkomponisten wie der in der Oberpfalz geborene Christoph Willibald Gluck (1714 – 1787) wirkten lange Zeit in Paris und wurden stilprägend für ihre Zeit. In der Literatur äußerte sich immer mehr ein selbstbewusstes Bürgertum.

Ludwig XV. hatte 1715 inzwischen den Thron übernommen – der am 15. Februar 1710 in Versailles geborene Urenkel war zu diesem Zeitpunkt gerade mal fünf Jahre alt. Die Regentschaft für den minderjährigen König übernahm Herzog Philipp II. von Orléans (1674 – 1723), ein Cousin Ludwigs XIV. Philipp II. war Atheist, künstlerisch sehr begabt (er malte und komponierte) und auch an Wissenschaft interessiert. Doch bekannt wurde er vor allem durch sein ausschweifendes Leben, die Orgien, bei denen der inzwischen hoffähig gewordene Champagner sicher in Strömen floss. Ludwig XV. wurde am 25. Oktober 1722 in Reims gesalbt. Ein Jahr später starb Philipp II. Ludwig XV. wurde im selben Jahr – gerade einmal 13 Jahre alt – für volljährig erklärt. Zwei Jahre später heiratete er eine acht Jahre ältere, polnische Prinzessin. Neben seiner Frau, die ihm neun Kinder gebar, begleiteten ihn im Verlauf seines Lebens 14 Mätressen, mit denen er weitere Kinder hatte. Die bekannteste war wohl Madame de Pompadour (1721 – 1764), die Ludwig 1745 sogar offiziell zu seiner Mätresse (frz. Maîtresse en titre) ernannte. Die Pompadour war sehr einflussreich, sowohl als Förderin der Künste, als auch als politische Beraterin des Königs. Sie war diplomatisch so geschickt, dass sie ihren Status bei Hofe bis zu ihrem Tod halten konnte, obwohl der König nur bis 1751 engeren Verkehr mit ihr hatte. Im Unterschied zu seinem Urgroßvater hatte sich Ludwig XV. im Übrigen bereits eine Toilette und ein Badezimmer mit warmem und kaltem Wasser errichten lassen. Beides wurde 2004 durch finanzielle Unterstützung eines

Kosmetikherstellers aufwändig restauriert. Auch unter Ludwig XV. wurde natürlich ausgiebig gefeiert und gegessen. Und dazu gab es reichlich Wein und wohl auch schäumenden Champagner – der König und seine Mätressen liebten den »Pailletten-Wein«. Letzterer war ja auf die Flaschenabfüllung angewiesen. Dafür waren aber noch ein paar Voraussetzungen nötig.

Für unser Thema ist ein Gesetz vom April 1728 wichtig, das den Winzern und Händlern in Reims Gebinde von 50 oder 100 Flaschen für den Weintransport und -verkauf gestattete; diese Gebinde konnten nun auch besteuert werden – zuvor waren nur Fässer erlaubt gewesen. Die Größe der Flaschen und damit deren Inhalt waren jedoch oft sehr unterschiedlich, Schummeleien und Betrügereien waren an der Tagesordnung. Um dem entgegenzuwirken legte ein königlicher Erlass vom 8. März 1735 fest, dass im ganzen Königreich eine Flasche »une pinte de Paris«, das entsprach 0,93 Liter, zu enthalten habe und die Glasflasche selbst 25 Unzen, etwa 980 Gramm wiegen durfte.

Noch hatte der schäumende Wein, der »Pfropfentreiber« (»saute-bouchon«), nur einen kleinen Anteil an der Gesamtproduktion. Der Schwerpunkt lag auf den stillen Weinen. Aus gutem Grund, denn die Flaschengärung erwies sich als gefährlich und kaum beherrschbar. Der Überdruck sorgte häufig dafür, dass Flaschen zu regelrechten Splitterbomben wurden. Arbeiter schützten sich vor den herumfliegenden Scherben mit Eisenmasken – doch Verletzungen waren trotzdem an der Tagesordnung. »La casse«, so hieß der gefürchtete Glasbruch, Ausfälle von 15 bis 20 Prozent waren die Regel. Gerade besonders ertragreiche, sonnige Jahre, in denen die Trauben gut ausreifen konnten, bescherten Ausfälle von bis zu 80 Prozent – dass dafür der höhere Zuckergehalt der reifen Trauben verantwortlich war, wusste man damals noch nicht. Es sollte noch knapp 100 Jahre dauern, bis man die chemischen Prozesse entschlüsselt hatte und damit besser beherrschen konnte. Champagner, der moussierende Modewein, war deshalb sehr teuer. Luxus hatte schon immer seinen Preis.

WO KOMMEN DIE BLÄSCHEN HER?

Friedrich der Große (1712–1786) liebte den Champagner, war aber stets auch wissenschaftlich interessiert. Er wollte das Geheimnis der Bläschen im Champagner ergründen lassen und erteilte diesbezüglich einen Auftrag an die Experten der Akademie der Wissenschaften. Doch als die Gelehrten für ihre Versuche 40 Flaschen des Schaumweins anforderten, machte Friedrich einen Rückzieher – das war ihm dann doch zu teuer. So mussten ihm die Gelehrten die Antwort schuldig bleiben (hätten sie aber vermutlich vor dem Hintergrund des damaligen Wissens nicht wirklich gefunden). Ein Physiker, der heute an der Universität von Reims forscht und lehrt, konnte das Geheimnis der Bläschen erst vor einigen Jahren lüften – siehe Seite 155.

DAS ENDE DES ANCIEN RÉGIME – DIE FRANZÖSISCHE REVOLUTION

Der Champagner war ab 1730 das Getränk des höfischen Lebens und eroberte dort vor allem die Damen und die jüngere Generation – nicht nur in Frankreich, sondern in ganz Europa. Champagner wurde schon damals mit Vergnügen assoziiert, er war gleichzeitig mondän und mit Luxus verknüpft und förderte die Geselligkeit. Wer davon betrunken war – nicht selten auch das weibliche Geschlecht –, der betrachtete dies als eine edlere Form des Rausches, ja es war sogar chic, sich gerade damit zu betrinken. Dieser Rausch war gesellschaftsfähig. Champagner war der Wein für Feste. Der Bezug zur Erotik war offensichtlich – die Analogie des zur Decke schießenden Korkens und der Schaumbildung erschließt sich unmittelbar. Casanova erwähnt das Getränk in seinen Memoiren, häufig in Verbindung mit Austern. Bei de Sade taucht der Champagner in seiner Nouvelle Justine auf.

Ludwig XV. starb am 29. April 1774 an den Folgen einer Pockenerkrankung. Während seiner Regentschaft hatte sich die Spaltung der Gesellschaft verschärft. Frankreich war finanziell am Ende, Adel und Klerus fürchteten ihre Pfründe zu verlieren. Sein Nachfolger Ludwig XVI., der 19-jährige Enkel von Ludwig XV., trat ein schweres Erbe an. Bereits als 15jähriger Kronprinz wurde er mit der ein Jahr jüngeren Prinzessin Maria Antonia aus dem Hause Habsburg, einer Tochter von Maria Theresia und Franz I. Stephan, verheiratet. In Frankreich hieß sie dann Marie-Antoinette.

Militärische Interventionen, darunter im Amerikanischen Unabhängigkeitskrieg (1775 – 1783) auf Seiten der Amerikaner, belasteten den Staatshaushalt zusätzlich. Das von Ludwig XVI. 1774 wiedereingesetzte Parlament und Teile des Adels rebellierten gegen die Monarchie – vermutlich auch angefeuert durch die republikanischen Ideen, die die vom Unabhängigkeitskampf aus den USA zurückkehrenden französischen Soldaten nun im Gepäck hatten. Und dann sorgten noch Trockenheit und in der Folge Missernten dafür, dass die Preise für Getreide explodierten. Brot, ein Grundnahrungsmittel der Franzosen, wurde extrem rar und teuer. Es herrschte Hungersnot in der breiten Bevölkerung. Wie abgehoben die Vertreter des Ancien Régime damals waren, kolportiert der Marie-Antoinette zugeschriebene Spruch: »Wenn ihr kein Brot habt, so esst doch Kuchen.«

Im Sommer 1789 war es mit deren Herrschaft zu Ende. Die Unruhen in Paris nahmen zu. Die Bastille, Symbol des Ancien Régime, das Gefängnis von Paris und zugleich ein Lager von Waffen und Munition, wurde am 14. Juli gestürmt. Die Gefangenen – es waren nur wenige, darunter vermutlich der berüchtigte Marquis de Sade – wurden befreit, die Waffen und die Munition konfisziert. Neuerer Forschung zufolge war dieser »Sturm« wahrscheinlich nicht wirklich ein Sturm – die dramatischen Gemälde des Ereignisses geben ein falsches Bild. Der Kommandeur hatte die Festung freiwillig übergeben. Dennoch wurde dieser Akt in der französischen Geschichtsschreibung zum eigentlichen Beginn der Französischen Revolution verklärt – irgendwie war er das ja auch. Der 14. Juli ist bis heute der Nationalfeiertag der Franzosen.

Die Revolutionäre riefen die Erste Republik aus, schafften Adelstitel und Privilegien ab, worauf sich die Champagnerproduzenten beeilten, in ihren Kundenkarteien die Titel Chevalier und Duc und andere Adelstitel zu streichen und durch Citoyen, Bürger, zu ersetzen. Durch die Verordnung vom 15. August 1795 wurde die Livre durch die neue Währung Franc ersetzt.

DIE NEUE WÄHRUNG UND DIE IDEE DES NATIONALSTAATS

Die Livre, die Währung des Ancien Régime, wurde nach der Französischen Revolution durch den Franc ersetzt, der bis zur Einführung des Euro in Frankreich Zahlungsmittel war. Die Bezeichnung »Franc« leitete sich offensichtlich ab von »La France« und »français«, die wiederum auf einen alten germanischen Stamm zurückgehen. Die Nebenbedeutungen »vornehm, adelig und frei« schwingen mit. Diese Änderung ist symptomatisch für die aufkeimende Idee des Nationalstaates, in dem sich die Franzosen primär als Franzosen fühlten, nicht mehr als die Untertanen eines von Gott eingesetzten Herrschers.

Der Champagner hatte sich zum Lieblingsgetränk der sozialen Eliten, in erster Linie der höfischen Gesellschaft und des Adels in ganz Europa entwickelt. Mit der Revolution avancierte er zum Lieblingsgetränk der neuen Mächtigen, denen diese Vorliebe nicht immer gut bekam. Der Verleger Jean-Paul Marat, einer der Revolutionäre der ersten Stunde, wurde im Bad ermordet, während er gerade auf eine Lieferung des edlen Schaumweins wartete. Der Champagner war auch sonst oft das letzte Getränk. Denn das Motto der neuen Republik »Liberté, égalité, fraternité« – Freiheit, Gleichheit, Brüderlichkeit – war nur die eine Seite der Revolution, die Guillotine steht für die andere Seite, die Blutherrschaft und den Schrecken. Ihr fielen nicht nur die alten Mächtigen, sondern auch zahlreiche Revolutionäre der ersten Stunden zum Opfer. Kurz vor dem Fallbeil teilten sich Danton und Desmoulins eine Flasche des Schaumweins. Auch zur Henkersmahlzeit des letzten Königs Ludwig XVI. am 21. Januar 1793 wurde Champagner gereicht; einige Monate später, am 16. Oktober, erging es seiner Frau Marie-Antoinette nicht anders. Zur letzten Mahlzeit vor ihrer Hinrichtung wurde ihr Champagner serviert.

Die Französische Revolution hatte auch wirtschaftlich eine große Bedeutung für die Champagne. Das komplizierte Steuersystem fiel weg, außerdem wurde die Steuerbefreiung für die Klöster – das System des »Zehnten« – abgeschafft. Kirchenbesitz wurde verstaatlicht – das waren von der gesamten Agrarfläche Frankreichs immerhin 10 Prozent, ein Großteil davon Weinberge – und an Bauern verkauft. Mit einer Ausnahme: Dom Pérignons Kloster Hautvillers.

»Ce champagne est prét à partir
Dans sa prison il fume,
Impatient de te couvrir,
De sa brillante écume.«
(Cardinal de Bernis, 1771)

»Dieser Champagner ist bereit zu weichen,
er dampft in seinem Gefängnis,
er brennt darauf, dich zu bedecken
mit seinem glänzenden Schaum.«

CHAMPAGNER IM 18. JAHRHUNDERT

Das, was im 18. Jahrhundert als Wein aus der Champagne verkauft wurde, war zum überwiegenden Teil stiller Rotwein, zu einem kleinerem Teil Weißwein und zu einem verschwindend kleinen Teil – maximal zwei Prozent – Schaumwein. Angesichts des »spectre de la casse«, des Schreckgespenstes der explodierenden Flaschen, war die Schaumweinproduktion höchst riskant. Die Winzer und Händler stützten sich daher zum überwiegenden Teil auf die beherrschbaren, stillen Weine. Wenn man zusätzlich über eine zweite Flaschengärung Schaumwein produzierte, so war dies »Spekulation«, das Sahnehäubchen auf den eigenen Erträgen – wenn es klappte, dann brachte es zusätzliche Einnahmen, es konnte aber auch schiefgehen, zu unbekannt und unbeherrschbar waren die chemischen Prozesse.

Das vermutlich um 1734 entstandene Bild »Le Déjeuner d'huitres« (»Das Austernfrühstück«) von Jean-François de Troy

(1679 – 1752), das im Musée Condé in Chantilly hängt, hält erstmals eine Szene fest, in der Champagner eine zentrale Rolle spielt. Gezeigt wird eine üppig gedeckte Tafel, an der zwölf, offenbar jüngere Adelige sitzen, denen Champagner und Austern serviert werden. Eine Eiskiste mit Champagnerflaschen steht vor dem Tisch im Bildvordergrund. Eine Gruppe der Männer am hinteren Ende des Tisches unterbricht offenbar gerade die Konversation und blickt zur Decke des sehr hohen Raumes. Wenn man genau hinsieht, dann folgen ihre Blicke einem Korken, der beim Öffnen einer Flasche Schaumwein hoch gegen die Zimmerdecke geschossen wurde. Derjenige, der die Schnüre, die den Korken festhielten, durchgeschnitten hatte, hält das Messer noch in der Hand und schaut besonders gebannt nach oben.

Das Gemälde von Troy verrät noch weitere Einzelheiten über die damaligen Trinkgewohnheiten. Der Schaumwein war damals trübe, nachdem sich die Trübstoffe etwas gesenkt hatten, wurde er in kleine Gläser ausgeschenkt und auf einmal ausgetrunken. Das Glas wurde danach schräg in einer Schale abgelegt, sodass der Bodensatz und der Rest Champagner abfließen konnten – ebensolche Schalen mit darin deponierten Gläsern sind im Vordergrund zu sehen.

Diese Momentaufnahme macht deutlich, dass dieser Korkentreiber- oder »saute bouchon«-Effekt wahrscheinlich wesentlich den Erfolg und die Attraktivität des Produkts bestimmt hat – vermutlich war die Qualität des Weines selbst zweitrangig. Es war ein Wein, der sich mit einem Knall bemerkbar machte, und deshalb war er ideal für ausgelassene Festlichkeiten. Auf die erotischen Assoziationen wurde bereits verwiesen. Vermutlich war dies auch ein Grund dafür, dass der Schaumwein damals in den konservativeren Kreisen als »vulgär« empfunden wurde.

Diesen Knalleffekt stellt auch Voltaire (1694 – 1778) in seinem philosophischen Gedicht »Le Mondain« (»Der Mann von Welt«, 1736) heraus, eine Satire auf die christliche Bilderwelt und ein Loblied auf das irdische Vergnügen. An einer Stelle beschreibt er die Wirkung eines Schaumweins aus der Gegend von Aÿ in der Champagne:

»Comme un éclair fait voler son bouchon ;
Il part, on rit, il frappe le plafond.
De ce vin frais l'écume pétillante
De nos Français est l'image brillante.«

(»Wie ein Blitz fliegt der Pfropfen heraus,
man lacht, wie er gegen die Decke knallt.
Der sprühende Schaum dieses frischen Weins ist
unser, der Franzosen leuchtendes Spiegelbild.«).

Für Voltaire stand der Champagner mit seiner überschäumenden Energie sinnbildlich für die französische Lebensart. In dem Gedicht feierte er ihn und verteidigte dabei zugleich den Luxus (»le superflu«).

Die ausländischen Kunden dieser Zeit erwarteten ebenfalls immer mehr solche »Pfropfentreiber«. 1749 etwa reklamierte ein irischer Importeur, er sei bei seiner Bestellung wohl missverstanden worden. Man hatte ihm stillen Wein geschickt, er aber wollte »un vin très mousseux qui jette son bouchon« – »einen stark schäumenden Wein, der seinen Korken herausschleudert«. Und Casanova trank »vin mousseux«, weil nur dieser Wein etwas Verrücktheit in langweilige Abende bringe (»Seul le vin mousseux apportait un grain de folie dans d'ennyueuses soirées«).

Und noch etwas hatte sich geändert, in der Praxis des Weinbaus und in den Köpfen der Kunden. Bis zum Ende des 17. Jahrhunderts musste der Wein eines Jahres zeitnah verkauft werden, Weine älterer Jahrgänge waren nahezu unverkäuflich. Nun erkannte man, dass man Wein lagern konnte und dass die zusätzliche Ruhezeit nicht schadete – eher im Gegenteil. Voraussetzung dafür war die erst gegen Ende des 17. Jahrhunderts eingeführte »soutirage«, der Abstich, also die Trennung des geklärten Weins von seinem Bodensatz. Nun konnte erstmals mit Wein auch spekuliert werden; sollte er in einem Jahr wenig Absatz finden, so bewahrte man ihn für bessere Tage auf. Vermutlich hatten daran die geschmacksneutralen Glasflaschen auch einen Anteil.

Alle Welt hielt den Champagner nun für typisch französisch – vergessen wurde, dass der Impuls ursprünglich aus England kam. Und in dieses Bild passte auch nicht so recht, dass gegen Ende des 18. und zu Beginn des 19. Jahrhunderts Deutsche am bis heute andauernden Erfolg des Champagners wesentlichen Anteil hatten.

Champagner

TYPISCH FRANZÖSISCH?

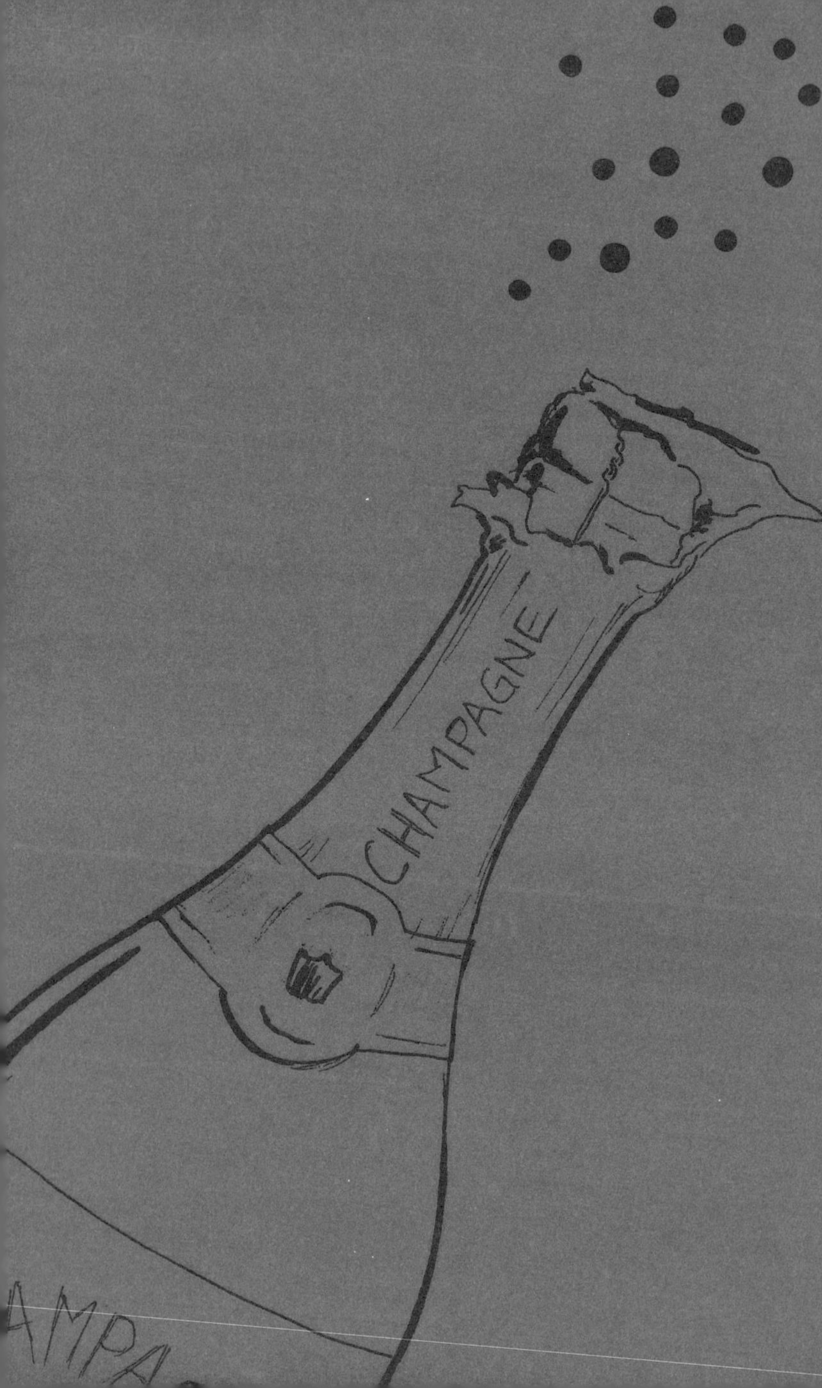
CHAMPAGNE
AMPA

DIE ERSTEN CHAMPAGNER-HÄUSER UND DIE ERSTEN DEUTSCHEN GRÜNDUNGEN

DIE DEUTSCHEN PIONIERE

Champagner

»Nach dem Sieg verdienst du ihn,
nach der Niederlage brauchst du ihn.«

Napoléon

Napoléon hatte 1799 in Frankreich die Macht übernommen und beherrschte, gestützt auf seine Armee, weite Teile Kontinentaleuropas. Dieses Joch hatte aber nicht nur negative Seiten. Der 1806 auf Initiative Napoléons gegründete Rheinbund war in erster Linie eine Militärallianz unter französischer Führung, doch sorgte der Franzosenkaiser auch für Reformen in Justiz und Verwaltung sowie für die Modernisierung in den beteiligten deutschen Staaten. Von Napoléons Gnaden wurden Bayern, Württemberg und Sachsen zu Königreichen. Mit der Völkerschlacht bei Leipzig 1813 löste sich dieser Bund auf. Die Könige jedoch blieben.

In dieser Schlacht trieb ihn die paneuropäische Allianz mit starker deutscher Beteiligung (Preußen, Österreich, u.a.) auf französischen Boden zurück. Die Leipziger Völkerschlacht (die eher ein »Völkerschlachten« war) kostete 115.000 von 500.000 Soldaten das Leben, Deutsche fielen auf französischer (Württemberger, Hessen) wie auf alliierter Seite (Preußen, Österreicher u.a.).

Es waren keine guten Zeiten für deutsch-französische Höflichkeiten im 19.Jahrhundert. Die von Napoléon selbst gepflanzte Saat der Idee eines Nationalstaates ging in den besetzten Gebieten auf und richtete sich nun gegen Frankreich: Dank der Besatzungszeit regte sich im zersplitterten Deutschland erstmals so etwas wie ein Nationalgefühl. In der deutschen Romantik, die den Franzosen noch heute suspekt ist, fand die gesamtdeutsche Seele eine Heimstatt, manch heißblütiger Jung-Nationalist sprach bereits von der »germanischen Überlegenheit gegenüber den Welschen«. Als »Welsche« bezeichnete man die Bewohner der zum romanischen Sprachkreis gehörenden Nachbarvölker Deutschlands, allen voran die Franzosen. Man verspottete den »welschen Tand«, die Glitzerwelt, den Luxus und die Dekadenz, spottete über die »Zivilisation«, der man die aus dem Boden gewachsene wirkliche »Kultur« entgegensetzte. Die Einheit stiftete das Volk, nicht der Staat.

Deutsche Sehnsucht der Romantik, Mysterium und Leidenschaft gegen französische Vernunft und Ordnung. Hölderlin, Heinrich Heine und E.T.A. Hoffmann gegen Descartes und Rousseau. Selten zuvor wusste das eine Land so viel vom anderen und selten waren die Spannungen greifbarer. Da klingt es fast wie ein Treppenwitz der Geschichte, dass Ende des 18. und zu Beginn dieses schwierigen 19. Jahrhunderts ausgerechnet Deutsche einen großen Teil der edelsten Champagnerhäuser aufbauten. Die Namen der Pioniere aus deutschen Landen lesen sich noch heute wie ein »Who's Who« der »Champagner-Aristokratie«: Josef Jacob Bollinger, Wilhelm Deutz, Peter-Joseph-Herbert Geldermann, Florenz-Ludwig Heidsieck, Johann Karl Philipp Koch, Johann-Joseph Krug, die Brüder Gottlieb, Jacobus und Philipp Mumm, Henri-Guillaume Piper, Christian Walbaum ...

In der Mitte des 19. Jahrhunderts hatten diese Exildeutschen einen so starken Einfluss, dass sie den Markt nahezu beherrschten. Der amerikanische Diplomat Robert Tomes, der in Reims einige Zeit gelebt hatte, schrieb in seinem 1867 erschienenen Buch »The Champagne Country«:

»There is, in fact, not a single wine establishment in all Champagne which is not under the control, more or less, of a native of Germany.«
(»Es gibt tatsächlich kein einziges Weinhaus in der gesamten Champagne, das nicht mehr oder weniger unter der Leitung eines Deutschen steht.«)

Und auch da, wo die Eigentumsverhältnisse anders waren, bemerkt er:

»If the nominal head should by chance be a Frenchman, he is sure to have a partner or a chief clerk of that country.«
(»Sollte ein Franzose zufällig der Leiter sein, so wird er sicherlich einen Partner oder Chefbuchhalter aus diesem Land (=Deutschland) haben.«)

Neben den Gründern und Namensgebern großer Marken gab es eine Vielzahl von Handlungsreisenden, die im Auftrag der Champagnerhäuser in der Welt unterwegs waren – zwischen 1801 und 1830 kamen allein 48 davon aus Deutschland, mehr als ein Drittel. Wie kam es zu der Dominanz der deutschen Zuwanderer, die meist bald Franzosen wurden? Ein Blick auf die Voraussetzungen.

Ende des 18. Jahrhunderts schien das Bürgertum aufzuwachen und selbstbewusster zu werden. Es war dies die Zeit, in der die keimende Idee der Nation die politische Landschaft Europas verändern sollte und zugleich ein anderes, freieres Wirtschaften möglich wurde. Wesentlicher Faktor, der die Ansiedelung der Deutschen begünstigte, waren die veränderten wirtschaftlichen Rahmenbedingungen.

Der staatlich geregelte Markt Colbertscher Prägung, der »marché commun« befand sich in Auflösung. Auch die Institution der beamteten »courtiers«, der Makler, die zwischen Käufer und Verkäufer vermittelten und dafür Gebühren kassierten, die so genannte »courtage«, ging zu Ende.

Der Warenaustausch erfolgte mehr und mehr in einem »marche privé«. Es war nun möglich, dass Unternehmer durch eigene Ideen, eigenen Arbeitseinsatz und Selbstvermarktung Wohlstand erreichen konnten. Und parallel bildete sich erstmals so etwas wie Marketing heraus – für die Waren mussten die Produzenten nun werben, um Kunden zu gewinnen. Entsprechend wurden Handelsvertreter, die ganz Europa und die Welt bereisten, immer wichtiger. Und hier waren die Deutschen im Vorteil, nicht nur, weil sie mehrsprachig waren. Sie galten auch – neben den Engländern – als die besseren Kaufleute als die Franzosen. Als eines der von einem Franzosen geführten Champagnerhäuser bankrottging, hieß es lapidar, »er habe keinen Deutschen gehabt«.

Dass der Handel immer mehr den internationalen Markt in den Blick nahm, das betraf auch und gerade den Champagner – die Globalisierung setzte hier schon früh ein. Die ersten Champagnerhäuser, für die nach und nach der Schaumwein nicht nur ein teures Nebenprodukt war, wurden jedoch von Franzosen gegründet.

RUINART – DAS ÄLTESTE CHAMPAGNERHAUS

Von Nicolas Ruinart (1697 – 1769) liegt erstmals ein urkundlicher Beleg vor, ein am 1. September 1729 begonnenes Rechnungsbuch, das als das Gründungsdatum des bis heute bestehenden, ältesten Champagnerhauses gilt. Die ersten Weine aus der Champagne wurden Anfang 1730 nach Paris verkauft und in diesem Rechnungsbuch notiert. Das in Épernay ansässige (später nach Reims umgesiedelte) Unternehmen hatte im Schwerpunkt mit Tüchern und Stoffen gehandelt, der Wein war zunächst eigentlich eine Art Dreingabe. Wir würden es heute Werbegeschenk nennen. Voraussetzung war dafür allerdings, dass mit den königlichen Regelungen von 1728 nun auch in Flaschen abgefüllte Weine gehandelt werden konnten – es war dies ein Privileg, das Ludwig XV. Reims zugebilligt hatte.

Bald sollte Ruinart feststellen, dass der Handel mit Wein lukrativer war als der mit Stoffen, und so stellte er sich ab 1733 ganz auf den Weinhandel um. Vermutlich waren es hauptsächlich stille Weine wie die immer beliebter gewordenen Weißweine oder der Clairet, ein leichter, einfacher Rotwein. Das, was wir heute unter Champagner verstehen, bildete nur einen kleinen Teil, zumal man die Produktion damals noch nicht im Griff hatte und viele der Flaschen explodierten. Der Anteil des »Teufelsweins« wird für diese Zeit auf weniger als zwei Prozent geschätzt. Um 1760 war das Haus Ruinart das führende Handelshaus in Reims. Außerdem hatte Ruinart mehrere Weingüter erworben und war damit selbst zu einem Produzenten geworden. Nach und nach nahm der Schaumwein einen immer breiteren Raum in der Produktion des Hauses ein.

Bei »Ruinart Père et Fils«, wie das Haus später genannt wurde, arbeitete der 1814 in Stuttgart geborene Robert Schlumberger zunächst als Kaufmann, stieg aber dann rasch zum Kellermeister und Produktionsleiter auf. Er wäre gerne in Frankreich geblieben, doch die Liebe kam dazwischen. Während einer Rheinfahrt lernte er die Wienerin Sophie Kirchner kennen, die Tochter eines Knopffabrikanten, und verliebte sich in sie. Deren Eltern waren jedoch gegen eine Übersiedlung nach Frankreich und so beschloss Schlumberger, sich 1842 in Wien niederzulassen, wo er Sophie dann auch heiratete. Sein Wissen hatte er im Gepäck und produzierte mit einheimischen Trauben in Bad Vöslau bei Wien die ersten österreichischen Schaumweine nach der Methode der Champagne. 1842 gilt auch als das offizielle Gründungsjahr der Schlumberger-Sektkellerei. Seine Schaumweine erhielten viele internationale Auszeichnungen. 1879 starb der Firmengründer in seiner neuen Heimatstadt. Ein Jahr zuvor war er als Edler von Goldeck in den erblichen Adelsstand erhoben worden.

Das bis heute aktive älteste Champagnerhaus Ruinart gehört inzwischen zu dem börsennotierten Luxusgüterkonzern LVMH (Louis Vuitton Moët Hennessy), in dem inzwischen die Rechte von über 70 Marken gehalten werden.

DAS CHAMPAGNERHAUS MOËT UND NAPOLÉON

Claude Moët (1683 – 1760; andere Quellen nennen das Geburtsjahr 1685) gründete 1742 in Épernay ein Handelsunternehmen, um Weine aus der Champagne nach Paris zu liefern. Nach einigen Quellen soll er der erste gewesen sein, der sich von Anfang an ausschließlich auf den »Teufelswein« konzentriert habe – was Zeitgenossen angesichts der Risiken durch »la casse« als sehr gewagt betrachteten. Moët verfolgte dabei eine neue Vertriebs- und Marketingstrategie: Er suchte den persönlichen Kontakt zu den Käufern. Ihm gelang es bald, Zugang zum königlichen Hof in Versailles zu bekommen. Madame de Pompadour, die erste Mätresse Ludwigs XV., soll von dem perlenden Wein begeistert gewesen sein: »Champagner ist der einzige Wein, bei dem eine Frau auch noch schön ist, nachdem sie davon getrunken hat.«

Sein Sohn Claude-Louis Nicolas Moët (1719 –1792) konnte den Export erstmals bis in die USA ausweiten. Lieferungen von Waren nach Amerika waren damals immer riskant, während des Amerikanischen Unabhängigkeitskriegs (1775–1783) sorgte darüber hinaus die britische Seeblockade dafür, dass Amerika nicht mehr auf den normalen Handelswegen beliefert werden konnte. Es waren allerdings keine wirklich großen Chargen, die damals über den Atlantik verschifft wurden. Nachdem die Unabhängigkeitskriege zu Ende waren und Großbritannien im Frieden von Versailles die Unabhängigkeit der Vereinigten Staaten anerkannte, konnte Moët Amerika wieder beliefern. Zu seinen Kunden gehörte George Washington, der damalige Präsident der Vereinigten Staaten. Die erste Lieferung für Washington traf am 4. März 1790 ein, pünktlich zu einer Dinnerparty. In seinen Geschäftsbüchern vermerkte der Präsident »sechs Körbe Champagner«, die direkt vom Schiff an seine Residenz geliefert wurden. Nach der Französischen Revolution und den sich daran anschließenden Kriegen brach das Amerikageschäft allerdings erneut zusammen – infolge der erneuten Seeblockade der Briten.

1792 starb Claude-Louis Nicolas und Jean-Rémy Moët (1758 – 1841), sein Sohn, übernahm die Geschäfte. Gegen Ende des 18. Jahrhunderts gab es bereits 10 Champagnerhäuser in Reims. Die Jahre nach der Revolution von 1793 bis 1799 waren finanziell sehr schwierig für die Weinproduzenten und Händler, so auch für Moët. Jean-Rémy musste, um die laufenden Kosten zu decken, Kredite aufnehmen, unter anderem auch von einem Frankfurter Bankhaus. Zwar sorgten Verbesserungen bei den Glasflaschen dafür, dass die Verluste durch Bruch, »la casse«, zurückgingen; darüber hinaus hatte man den Zeitpunkt der Flaschenabfüllung und der Zuckerzugabe besser im Griff, was zusätzlich den Glasbruch verringerte. Doch der Absatz war eingebrochen. Moët war gewohnt, eine Produktion im selben Jahr abzuverkaufen. Nun musste er einen Großteil der Schaumweine einlagern. Anderen Herstellern wird es ähnlich ergangen sein. Diese unfreiwillige längere Lagerung hatte allerdings den erfreulichen Effekt, dass der Champagner besser wurde. Wieder half der Zufall bei einer Entdeckung.

Moët war zwar in französischer Hand, doch beruhte der Erfolg des Hauses wesentlich auf deutschen Handlungsreisenden. Es taucht bereits 1788 der Name Karl Küssel auf, der die deutsche Vertretung hatte; ein Schreiben Jean-Rémys ist überliefert, in dem er die großzügige Spesenabrechnung Küssels – wie wir es heute nennen würden – beklagt. Für das Haus reisten mehrere Mitglieder einer Familie Geiger, deren Stammhaus in Ulm angesiedelt war. Immer wieder tauchen die Namen Friedrich und Heinrich-Jakob Geiger auf, über die ansonsten wenig bekannt ist. Friedrich Geiger war offenbar für den russischen Markt verantwortlich, es werden immer wieder Reisen nach St.-Petersburg vermerkt. Deutschland war für Moët zwischen 1790 und 1817 der größte Markt (33 Prozent), gefolgt von Russland (24 Prozent); erst an dritter Stelle kam Frankreich (23 Prozent). Der englische Markt war wegen der Blockaden auf 7 Prozent geschrumpft.

1794 kaufte Jean-Rémy das ehemalige Kloster Hautvillers, in dem einst Dom Pérignon gewirkt hatte. Hautvillers war der einzige Klosterbesitz, der nach der Französischen Revolution nicht veräußert worden war. Das Flaggschiff der Champagnerproduktion des Hauses Moët trägt seit 1921 das Etikett »Dom Pérignon«.

Jean-Rémy war mit Napoléon befreundet, der regelmäßig mit seiner Gemahlin Joséphine in Épernay Station machte. Napoléon war 1779 als 9-jähriger Kadett an die Militärakademie von Brienne-le-Château in der Champagne gekommen. Der auf Korsika geborene Napoléon konnte damals nicht einmal richtig Französisch sprechen oder schreiben und wurde von seinen Mitschülern wegen seines seltsamen Akzents gehänselt. Doch Napoléon war sehr wissensdurstig und energisch, zeichnete sich bald in Mathematik und Geographie aus. Zufällig begegneten sich Jean-Rémy Moët und Napoléon. Jean-Rémy war damals 24 Jahre und schon viel für das Champagner-Haus des Vaters auf Reisen, als er in der Militärakademie Champagner verkaufen wollte und dabei dem damals 13-jährigen Napoléon vorgestellt wurde. Jean-Rémy war offenbar beeindruckt von dem wissensdurstigen jungen Mann. Damit begann diese ungewöhnliche, aber lebenslange Freundschaft. Napoléons militärische Erfolge, sein Aufstieg im nachrevolutionären Frankreich – Erster Konsul von Frankreich 1799, 1804 die Selbstkrönung zum Kaiser von Frankreich –, wie er ganz Europa beherrschte und aufmischte und so am Ende zum Katalysator nationalstaatlicher Ideen wurde – darauf hatten wir bereits hingewiesen.

Fatale Folgen für die Champagne hatte Napoléons Russlandfeldzug 1812, der in einer militärischen Katastrophe endete. Nach anfänglichen Erfolgen wurde die Grande Armée, an deren Seite viele Deutsche aus den Ländern des Rheinbunds kämpften, vollständig aufgerieben und vom russischen Territorium vertrieben. Der »General Winter« tat ein Übriges. Die Verluste müssen gewaltig gewesen sein, genaue Zahlen gibt es nicht; man geht von etwa 600.000 Gefallenen aus. Anfang 1813 wechselten Preußen und Österreich und später auch die Rheinbundstaaten auf die russische Seite, was schließlich zur Abdankung Napoléons 1814 führte. Im Januar 1814 fielen die vereinten Heere Russlands, Österreichs und Preußens in Frankreich ein. In der Champagne plünderten die Soldaten die Bestände, bayerische Soldaten brachen in die Keller von Jacquesson & Fils in Châlons-sur-Marne ein. Jacquesson hatte mit Drahtverschlüssen experimentiert und er gilt als der Erfinder der »agraffe«, des Drahtverschlusses, der den Korken am Herausplatzen hindert; in anderen Quellen wird dieses schützende Drahtgeflecht bereits Dom Pérignon selbst zugeschrieben, was aber vermutlich Teil des Mythos um den Benediktinermönch ist. Die bis heute übliche Einwicklung mit Metallfolie soll auf den aus Aachen stammenden Wilhelm Deutz zurückgehen, über den später etwas mehr zu lesen ist. Die Bayern konnten offenbar mit diesem Drahtgeflecht nichts anfangen und schlugen den Flaschen kurzerhand die Hälse ab, um dann in sich hineinzuschütten, was vom Inhalt noch übrig geblieben war. Überall wurden Weinkeller geplündert, das Haus Moët bildete da keine Ausnahme. Hier stürzten sich russische Soldaten auf die Vorräte und leerten angeblich 600.000 Flaschen. Jean-Rémy erinnerte dabei an das Sprichwort »Qui a bu, boira«, »Wer getrunken hat, wird wieder trinken«, und vertraute darauf, dass aus den Plünderern später Kunden werden würden. Und so kam es auch. Moët gelang es, zum »berühmtesten Champagnerproduzent der Welt« aufzusteigen und seinen Champagner an allen europäischen Fürstenhöfen durchzusetzen.

1832 zog sich Jean-Rémy aus den Geschäften zurück und übergab sie seinem Sohn Victor Moët und seinem Schwiegersohn Pierre-Gabriel Chandon (1778 – 1850), der 1816 seine Tochter Adélaide (1795 – 1864) geheiratet hatte. Seit 1832 heißt das Champagnerhaus Moët & Chandon. Die Erfolgsgeschichte geht weiter. Moët & Chandon wurde k.u.k. Hoflieferant für Österreich und königlich englischer Lieferant.

Moët & Chandon ist heute der größte Champagner-Produzent der Welt und seit 1987 Teil des Luxusgüterkonzerns LVMH (Louis Vuitton Moët Hennessy).

DIE WITWE – UND IHRE DEUTSCHEN HELFER

1772 gründete Philippe Clicquot einen Weinhandel, dieses Jahr gilt bis heute als das Gründungsjahr der Marke. Sein Sohn François heiratete 1798 Barbe-Nicole Ponsardin (1777–1866), 1799 wird als einziges Kind die Tochter Clémentine geboren. 1805 starb François, sein Vater wollte daraufhin das Handelshaus verkaufen, doch die damals 27-jährige Witwe beschloss, das Geschäft weiter zu führen – eine Sensation für die damalige Zeit. Der Erfolg gab ihr Recht. Die Strategie war es, die Kunden in ganz Europa zu besuchen, und dafür stand ihr bereits eine Gruppe von Handelsreisenden zur Verfügung. Der bedeutendste war sicherlich der Deutsche Ludwig »Louis« Bohne, der bereits für den Gründer gearbeitet hatte. Ludwig Bohne, in Mannheim geboren (das genaue Geburtsdatum ist nicht bekannt), klein und gedrungen, mit starkem Charakter, war zunächst besonders erfolgreich, wenn es um deutsche, adlige Kundschaft ging (der Herzog von Sachsen-Coburg ebenso wie der Herzog von Württemberg oder der Fürst Hohenlohe). Später erschloss er den englischen Markt und bereiste ganz Osteuropa. Um sich auf den oft mehrere Jahre dauernden Reisen zu unterhalten, nahm er seine Gitarre und ausreichend Literatur mit. Bereits 1801 wurde er offiziell zum »co-directeur« von Clicquot ernannt.

Wie sehr die Vertreter bereits zu dieser Zeit in ganz Europa unterwegs waren, belegt ein launiger Eintrag Bohnes. Er hatte Dubno in der Ukraine besucht, etwa 40 Kilometer östlich von Lemberg, und beglückwünschte sich, dass er offenbar eine Stadt erwischt habe, in dessen Mauern vor ihm noch kein Vertreter aus der Champagne gewesen sei (qui »n'avait encore jamais vu dans son enceinte de voyageur champenois«). Bis zu seinem Tod 1805 teilte François Cliquot alle strategischen Fragen mit Bohne. Bohne war auch für die Witwe unersetzlich – sie machte ihn 1806 zu ihrem Teilhaber.

Russland war ein lukrativer Markt und alle Champagnerhersteller drängten dorthin. Bohne war besonders erfolgreich, er hat wesentlich das Russlandgeschäft der Witwe aufgebaut. Er war mit dem Zar Alexander I. und der Zarin persönlich bekannt und als die Zarin ein Kind erwartete, sah er schon »Ströme von Champagner fließen«, sollte es ein Prinz werden. Doch als Napoléon im Sommer 1812 Russland überfiel, verbot der Zar die Einfuhr von Wein und Champagner aus Frankreich. Louis Bohne gelang es mit einem Trick, dieses Verbot zu umgehen: Er ließ die Firma Veuve Clicquot als Kaffeeimporteur registrieren und versteckte den Champagner in Fässern mit Kaffeebohnen. So konnten die Weine eingeschmuggelt werden. Allerdings hatten nur wenige Flaschen in solchen Fässern Platz. Bohne überlegte neu. Er hatte reichlich Erfahrung gesammelt, was die Umgehung der verschiedenen Seeblockaden in der Vergangenheit anging. Dies galt es zu nutzen.

Die Niederlage Napoléons in den Befreiungskriegen (1813 – 1815) zeichnete sich ab und 1814 stand die Besetzung der Champagne durch die russischen Truppen und ihre preußischen Verbündeten unmittelbar bevor. Bohne charterte 1814 das holländische Frachtschiff »Gebroeders« und belud es in Rouen mit 10.550 Flaschen Champagner. Bohne ging mit an Bord, hatte aber selbst kaum Platz, so voll beladen war das Schiff (von den üblichen Reisebegleitern wie Läusen und Wanzen ganz abgesehen). Die Witwe Clicquot lenkte die inzwischen eingetroffenen russischen Truppen ab, indem sie ihnen gestattete, soviel Champagner zu trinken, wie sie wollten. Die »Gebroeders« stach am 6. Juni 1814 in See und erreichte am 2. August unter Umfahrung der Blockade das ostpreußische Königsberg, das Einfallstor zum großen russischen Markt. Das Einfuhrverbot des Zaren bestand allerdings noch. An Umkehren dachte Bohne keinesfalls, er wollte vielmehr seine Ware verkaufen. Und so verfiel er auf einen Trick, den das Marketing bis heute beherrscht: Man verknappt künstlich das Angebot. Bohne brachte das Gerücht in Umlauf, dass all sein Champagner bereits ausverkauft sei, und nur für diejenigen, die bereit waren, einen angemessenen Preis zu zahlen, ließe sich – vielleicht – noch etwas machen. Im Nu konnte er sich vor Interessenten kaum retten. An die Witwe schrieb er »Ich habe zwei Drittel der besten Gesellschaft Königsbergs zu Füßen, die um Ihren Nektar betteln.« Die Begeisterung war auch durchaus berechtigt: Bohne hatte den sensationellen Jahrgang 1811 an Bord. Als im August die Blockade aufgehoben wurde, schickte die Witwe ein weiteres Schiff mit 12.780 Flaschen dieses Jahrgangs nach Petersburg – mit demselben Erfolg. Die Russen lagen ihr zu Füßen. Zu den begeisterten Kunden zählten auch die Schriftsteller Puschkin, Gogol und Tschechow. Von da an war Russland für Veuve Clicquot der Hauptabsatzmarkt. Und nach und nach sicherten sich auch die anderen Champagnerhäuser ihren Anteil am wachsenden russischen Markt. Bohne wurde von seiner Arbeitgeberin reich belohnt, ging nach Deutschland zurück, kaufte sich eine Villa in Heilbronn und setzte sich zur Ruhe.

Inzwischen hatte sich auch in der Champagnerherstellung einiges getan. Anton von Müller, der sich Antoine de Müller (1788 – 1859) nannte, war aus Schwaben (andere Quellen nennen hier Bayern) nach Reims gekommen und bei Clicquot als Kellermeister beschäftigt. Ihm und der Witwe wird zugeschrieben, dass sie um 1816 einen Tisch so präpariert hatten, dass sich die Champagnerflaschen während der zweiten Gärung darin schräg mit dem Flaschenhals nach unten lagern ließen – die Vorform der heutigen »pupitres« oder Rüttelpulte. Diese Schräglagerung soll es allerdings schon um 1790 gegeben haben. Für »la casse«, der Bruch der Glasflaschen unter dem hohen Druck der Gärung, war die Schwachstelle stets der Flaschenhals, deshalb sorgte die umgekehrte Lagerung der Flaschen zunächst einmal dafür, dass der Druck sich auf die wesentlich festere und größere Oberfläche des Flaschenbodens verteilte (die zusätzliche Vertiefung, wie wir sie bis heute kennen, sorgte für eine weitere Vergrößerung der Fläche, auf die sich der Druck verteilte). Wir kennen Champagner heute als klaren, perlenden Wein. Der Schaumwein der damaligen Zeit war voller toter Hefereste, die ihn trübten; vor dem Trinken musste man ihn entweder vorsichtig dekantieren und warten, bis die Schwebeteilchen zu Boden sanken (wobei die meiste Kohlensäure entwich) oder im Glas warten, bis sich die Schwebeteilchen abgesetzt hatten (besonders Furchtlose tranken den Schaumwein auch ohne weitere Klärung). Der willkommene Nebeneffekt dieser neuen Flaschenlagerung war, dass sich die Trübstoffe, die abgestorbene Hefe, nach und nach im Flaschenhals sammelten – und so leichter entfernt werden konnten. Was zuerst war, die bessere Druckverteilung oder die Klärung von den Heferesten, wird man nie genau feststellen können. In der nachträglichen Erzählung wird – wie so häufig – je nach Blickwinkel die Ursache zur Wirkung oder umgekehrt.

Müller und seine Arbeitgeberin haben daraufhin entdeckt, dass sich durch gezieltes Rütteln der Flaschen (»remuage«) die Rückstände nach ein paar Wochen im vorderen Flaschenhals sammelten – endlich war der Champagner so klar, wie wir ihn heute kennen. Wer es von beiden genau war, auch das lässt sich nicht mehr feststellen. Über die weitere Verarbeitung – darunter auch die Entfernung des Hefepfropfens – wird weiter unten in einem späteren Kapitel zur Champagnerherstellung ausführlich berichtet.

Veuve Clicquot hat auch 1818 den ersten Rosé-Champagner auf den Markt gebracht, der seine Farbe der Beimischung von Bouzy-Rotwein verdankt.

Zurück zum Verkauf und Vertrieb. Louis Bohnes Nachfolge trat Georg Christian von Kessler (1787 – 1842) an, den Bohne noch selbst eingestellt hatte. Bohne habe sich – so eine der Varianten – 1807 für den im schwäbischen Heilbronn geborenen Kessler stark gemacht und ihm zunächst eine Stelle als »commis«, eine Art Buchhalter, bei Veuve Clicquot verschafft. Kessler lernte das Champagnergewerbe schnell, wurde Vertriebschef und erhielt bereits 1810 Prokura. Er muss ein Verkaufstalent gewesen sein. Den Höhepunkt seiner Karriere in Frankreich erreichte er 1821, als Veuve Clicquot 280.000 Flaschen Schaumwein verkaufte.

Eigentlich sollte Kessler die Firma übernehmen, doch daraus wurde nichts. Die Details sind nicht ganz geklärt. Es mochte damit zu tun haben, dass nach 1821 mit dem aus Wetzlar stammenden, ehrgeizigen Eduard Werle (1801 – 1884) ein Konkurrent aufgetaucht war, der sich später Mathieu Éduard Werlé nannte. Werlé wurde 1822 zum Kellermeister ernannt. Clicquot hatte zeitweise große finanzielle Probleme, die Werlé lösen half. Mit einer Einlage von 100.000 Francs wurde er 1831 Teilhaber der Firma.

Kessler trennte sich 1826 von Veuve Clicquot und ging zurück nach Deutschland. In Esslingen gründete er im selben Jahr mit einem Geschäftspartner zusammen G.C. Kessler & Co., die älteste Sektkellerei Deutschlands. Werlé machte seinerseits in Reims Karriere, war 1852 bis 1868 Bürgermeister der Stadt, Präsident der Handelskammer und Deputierter des Parlaments. 1841 zog sich die Witwe aus den Geschäften zurück und baute sich ein Château in Boursault, etwa acht Kilometer westlich von Épernay an der Marne gelegen. Dort starb sie am 29. Juli 1866.

Die Marke Veuve Clicquot gehört inzwischen auch zur LVMH-Gruppe (Louis Vuitton Moët Hennessy).

HEIDSIECK UND DIE ERSTEN DEUTSCHEN GRÜNDUNGEN

Deutsche engagierten sich nun nicht mehr nur im Verkauf, sondern wurden auch selbst zu Champagnerproduzenten. Blättern wir wieder ein paar Jahrzehnte zurück. Ende des 18. Jahrhunderts kamen die ersten deutschen Gründer eigener Champagnerhäuser nach Reims. Als einer der ersten siedelte sich 1776 Florenz-Ludwig Heidsieck, 1748 (andere Quellen nennen das Jahr 1749) in Borgholzhausen im Kreis Gütersloh geboren, in Reims an. Er heiratete dort im selben Jahr die Tochter eines vermögenden Textilunternehmers, nahm die französische Staatsbürgerschaft an und nannte sich Florens-Louis Heidsieck. Zunächst war er im Textilhandel tätig, doch bereits 1780 begann er, seinen eigenen Wein zu erzeugen. Er war damit sehr erfolgreich, machte seine ersten Verkaufstouren 1785 und vier Jahre später hatte die Produktion das Niveau von 15.000 Flaschen erreicht. Ab 1785 produzierte er auch Champagner. Ein besonderer Erfolg war ein Champagner, den er der damaligen Königin Marie-Antoinette, der Frau Ludwigs XVI., widmete und ihr auch persönlich vorstellen durfte. 1794 benannte er das Unternehmen um in Heidsieck & Co. Da sein Sohn unerwartet verstorben war, holte er seine drei Neffen, die noch in Deutschland lebten, nach und nach ins Geschäft. Die spätere Familiengeschichte der Heidsiecks ist so abenteuerlich, dass ihr ein eigenes Kapitel im Anschluss gewidmet ist (ab Seite 85ff.).

In den 1780er-Jahren war Heidsieck nicht der einzige Deutsche, der sich in Reims niederließ und dort Erfolg hatte. Insgesamt fünf aus Deutschland stammende Händler ließen sich in dieser Zeit in Reims nieder, deren Namen uns allerdings heute nichts mehr sagen. Es war eine günstige Zeit und was 10 Jahre zuvor nicht möglich gewesen wäre: Ein deutscher Händler konnte nun in der Champagne vom Weinhandel leben. Für den Champagner war der Export extrem wichtig; und hier waren die Deutschen durch ihre Verbindungen und ihre Sprachkenntnisse im Vorteil. Deutschland selbst war einer der größten Märkte, und von Deutschland aus konnte der gesamte Osten Europas gut erschlossen werden.

ROEDERER – DER LIEBLINGSCHAMPAGNER DES ZAREN

Mal gehörte Straßburg zum Deutschen Reich, dann unter Ludwig XIV. zu Frankreich, später wieder eine Zeitlang zum Deutschen Reich, dann nach den beiden Weltkriegen wieder zu Frankreich. Die Stadt mit in die Liste derer zu nehmen, die mit deutschen Gründern zu tun hat, ist nicht ganz unberechtigt. Das Grenzland Elsass war deutschsprachig und ist auch heute noch in Teilen zweisprachig; unter anderem hat Goethe 1770 bis 1771 in Straßburg studiert. Und dort kam Louis Roederer 1809 zur Welt.

Das Champagnerhaus, in das Louis Roederer später einstieg, bestand bereits seit 1776. Gegründet wurde es von den Herren Dubois und Sohn in Reims, die es später an Nicolas Schreider, den Onkel von Louis Roederer, verkauften. Ab 1819 war die Firma in Familienbesitz. Louis arbeitete ab 1827 mit seinem Onkel zusammen in der Firma und war sechs Jahre später Alleinerbe des Champagnerhauses. Von diesem Datum an firmierte das Weingut unter dem Namen »Champagne Louis Roederer«.

Roederer war einer der Champagnerproduzenten aus Reims, der die Vermarktung der Weine aus der Champagne wesentlich vorangetrieben hatte. Zu seiner Bekanntheit trug sicherlich bei, das Roederer außerdem »louvetier«, »Wolfsjäger« von Reims war; das war eine angesehene, offizielle Stellung im Rang eines Leutnants. Er besaß hervorragende Pferde und gut ausgestattete Jagdzüge, die sich mit denen des Hochadels messen konnten. Er hatte sich bei der Jagd auf Wölfe ausgezeichnet, Wölfe stellten offenbar in der damaligen Zeit noch ein Problem dar. Oder andersherum betrachtet: Roederer und mit ihm viele andere Jäger trugen in der zweiten Hälfte des 19. Jahrhunderts dazu bei, dass der Wolf in Europa ausgerottet wurde.

Sein Sohn, ebenfalls Louis genannt, kam 1846 zur Welt. Mit dem Tod des Vaters 1870 übernahm er die Geschäfte. Hauptmarkt war Russland, wo Roederer den Zaren Alexander II. (1818 – 1881) belieferte. Dieser hatte 1866 einen Attentatsversuch überlebt und war angesichts der vorrevolutionären und anarchistischen Bestrebungen in Russland zu Recht in Sorge, dass es bei diesem ersten Versuch nicht bleiben würde. Und so kam es später auch: 1881 starb er an den Folgen eines Attentats.

Eine der Vorsichtsmaßnahmen, die Alexander II. verfügte, betraf nun auch den Champagner. Aus Angst, dass der Champagner in den dunklen Glasflaschen, in denen er damals normalerweise abgefüllt wurde, vergiftet sein könnte, bestand der Zar auf kristallklare, durchsichtige Flaschen. Und so wurde um 1876 die Premium-Cuvée der Kellerei, der »Roederer Cristal«, geboren. Die goldschimmernde, durchsichtige Flasche hatte ein flämischer Glasmacher entworfen. Eine weitere Besonderheit gegenüber allen anderen Champagnerflaschen war der flache Boden. Die verstärkende Einbuchtung konnte entfallen, weil das Glas inzwischen deutlich druckstabiler war. Ob diese Einbuchtung wegfallen musste, weil der Zar fürchtete, dass man darin Sprengstoff hätte verbergen können, lässt sich nicht belegen. Bis heute ist der »Roederer Cristal« die Premium-Marke des Hauses. Es handelt sich um einen Jahrgangschampagner mit etwa gleichen Anteilen an Chardonnay und Pinot Noir, der nur gekeltert wird, wenn die Trauben eine entsprechende Qualität aufweisen. Die durchsichtigen Flaschen werden zudem mit gelbem Zellophan umhüllt, das die für den Champagner schädliche UV-Strahlung fast vollständig abschirmt. Bei der Lagerung sollte dieses Zellophan deshalb nicht entfernt werden.

Roederer besitzt heute nicht nur Rebflächen in der Champagne, sondern auch in Bordeaux, im Rhônetal, in der Provence, in Portugal und in Kalifornien. Außerdem erwarb Roederer 1993 die Aktienmehrheit an dem Champagnerhaus Deutz, auf das weiter unten noch eingegangen wird. Das Champagner- und Weinhaus ist bis heute einer der wenigen noch unabhängigen Produzenten.

DIE BLÜTEZEIT NACH DEM WIENER KONGRESS

Im Wiener Kongress 1814/1815 wurde nach der Niederlage Napoléons die Landkarte Europas neu geordnet. Ziel war eine Restauration der Verhältnisse, wie sie vor der französischen Revolution bestanden hatten. Zugleich sollten künftige revolutionäre Bestrebungen unterbunden werden. In dieser Zeit der »verordneten Ruhe« ließ sich der revolutionäre Keim in Frankreich allerdings nicht ganz ersticken. Der 1824 eingesetzte Bourbonenkönig Karl X. wurde in der Julirevolution von 1830 durch den Bürgerkönig Louis Philippe ersetzt. Es herrschte hier wieder Aufbruchsstimmung. Die Bürger in den Staaten des Deutschen Bundes erlebten vor allem nach den Karlsbader Beschlüssen (1819) eine Zeit der Repression, der Überwachung und Pressezensur. Vielleicht war auch das ein Grund, warum einige Deutsche sich von den größeren Freiheiten und den besseren Möglichkeiten der unternehmerischen Entfaltung in Frankreich angezogen fühlten.

Wenn wir nur die Gründungen anschauen, dann folgten diese zu Beginn des 19. Jahrhunderts Schlag auf Schlag. 1820 gründete beispielsweise der in Heidelberg geborene Johann Charles Philipp Koch (1799 – 1862) in Avize das Champagnerhaus Charles Koch. Koch nahm 1848 die französische Staatsbürgerschaft an. Unter seinem Namen war das Haus bis 1966 aktiv. Christian Andreas Kupferberg, der Inhaber des deutschen Sekthauses Kupferberg, gründete damals das Nachfolgehaus, das heute nach dem in Reims geborenen Großvater Kupferbergs Bricout heißt. Das Haus genießt noch immer einen guten Ruf, ist aber nie so groß geworden, wie man es sich erhofft hatte. Führende Positionen auf dem Weltmarkt haben hier andere deutsche Gründungen erreicht. Diese deutschen Namen klingen bis heute weltweit nach ungebrochenem Luxus – Heidsieck und Roederer hatten wir schon, Bollinger, Deutz, Krug, Mumm gehören dazu.

MIT MUMM ZUR FORMEL 1 UND ZURÜCK

Auch die Gebrüder Gottlieb, Jacobus und Philipp Mumm aus Köln gründeten 1827 zusammen mit dem aus Brühl stammenden Friedrich Giesler in Reims ein Champagnerhaus. Die Weinproduktion hatte im Haus Mumm seit 1761 Tradition. Das Haus wurde nach dem aus Solingen stammenden Vater Peter Arnold Mumm »P.A. Mumm« genannt. Gottlieb starb 1852, die Firma wurde danach in zwei Unternehmen aufgeteilt, die G.H. Mumm & Co. benannt nach Gottliebs Sohn Georg Herrmann, und die Jules Mumm & Co. nach Julius Engelbert, dem Sohn von Jacobus. Jules nutze für seinen Champagner das rote Band der Ehrenlegion als Kennzeichen und so wurde die Marke »Cordon Rouge« geboren (andere Quellen schreiben das 1876 registrierte »Cordon Rouge« G.H. Mumm zu – vielleicht, weil die beiden Unternehmen später ja wieder zusammengingen). 1910 erwarb G.H. Mumm die Rechte an Jules Mumm, und so war es wieder ein Haus. Mumm war seit 1837 offizieller Lieferant vieler europäischer Königshäuser, darunter Schweden und Norwegen. Ab 1886 stellte Mumm in England den Champagner, der bei Krönungsfeierlichkeiten serviert wurde.

Mit Beginn des Ersten Weltkriegs wurde die G.H. Mumm & Co. enteignet und die in Reims lebenden Teile der Familie, die nie die französische Staatsbürgerschaft erworben hatten, nach Deutschland ausgewiesen. 1920 wurde G.H. Mumm in Reims neu gegründet, zwei Jahre später kam es in Frankfurt zur Gründung des Sekthauses Mumm & Co., das sich ab 1933 G.H. von Mumm & Co. Sektkellerei nannte. Während der Besetzung Nordfrankreichs im Zweiten Weltkrieg beanspruchte die Familie Mumm wieder kurzzeitig die Leitung des Champagnerhauses in Reims, was aber nach dem Krieg sofort wieder rückgängig gemacht wurde.

Der Mumm Champagner ist in Amerika besonders beliebt. Es war bis 2015 die Marke, mit der – zuvor kräftig geschüttelt – Formel 1 Sieger bespritzt wurden. Mumm, das die Rennen 15 Jahre lang gesponsert hatten, war allerdings 2016 aus dieser Tradition ausgestiegen. Dieser Abschied kam ausgerechnet zum 50-jährigen Jubiläum der ersten Champagnerdusche bei einem Formel-1-Rennen. Der Zufall hatte auch damals eine Rolle gespielt. 1966 erhielt der Schweizer Jo Siffert in seinem Porsche 906 als Sieger in der 2-Liter-Klasse der 24 Stunden von Le Mans eine Flasche Champagner. Doch die Flasche war wohl etwas zu warm geworden, sodass sich der Kork von selbst löste. Siffert reagierte prompt und spritzte den Schaumwein in die begeisterte Menge. Ein Jahr später tat es ihm der Amerikaner Dan Gurney nach, vermutlich, indem er bereits durch Schütteln etwas nachgeholfen hatte – eine Tradition war geboren. Vor Mumm war Moët & Chandon jahrelang in der Formel 1 aktiv; mit einem Champagner aus diesem Hause war es offenbar zur ersten Champagnerdusche gekommen. Moët & Chandon hat dieses Ritual dann weiter gefördert, sodass schließlich das Gerücht aufkommen konnte, sie hätten die Champagnerdusche sogar »erfunden« – und wie bei Gerüchten üblich, glaubt man es am Ende selbst. Moët & Chandon hatte das Engagement für die Formel 1 bereits im Jahr 2000 beendet.

Eine Zeit lang waren sowohl das Champagnerhaus als auch die deutsche Sektkellerei Teil des kanadischen Seagram-Konzerns (siehe Kapitel »Die Prohibition in Amerika«, ab Seite 120). Das Champagnerhaus G.H. Mumm aus Reims gehört heute zur Firmengruppe Pernod Ricard. Die deutsche Sektkellerei gleichen Namens wurde 2002 an die Rotkäppchen-Mumm Sektkellereien weiterverkauft.

BOLLINGER – UND WIEDER EINE WITWE

Am 6. Februar 1829 gründeten Athanase-Louis-Emanuel Hennequin, Comte de Villermont, Paul Renaudin und der Deutsche Jacob Joseph Bollinger in Aÿ das Champagnerhaus Renaudin Bollinger. Der Graf, der im amerikanischen Unabhängigkeitskrieg gekämpft hatte, später als Kapitän zur russischen Marine gegangen war und schließlich Admiral der französischen Marine geworden war, wollte nicht, dass sein Name auf den Weinetiketten erschien. Für einen Adeligen passte es damals nicht ins Bild, ein Unternehmen zu gründen. Die aristokratischen Villermonts besaßen schon seit 1585 Weinberge und ab 1650 gehörten dazu auch Flächen in der Champagne. Bereits im 18. Jahrhundert hatte man dort auch Schaumwein gekeltert.

Joseph Jacob Bollinger kam am 5. Oktober 1803 (andere Quellen nennen das Jahr 1804) im württembergischen Ellwangen (Jagst) als Sohn eines Juristen auf die Welt. Er war 1822 nach Frankreich gekommen und hatte zunächst bis 1829 für das damalige Haus Müller-Ruinart in Reims gearbeitet, für das er hauptsächlich den deutschen Markt betreute und bereiste. (Das heutige Haus Ruinart geht auf das zuvor bereits erwähnte 1729 gegründete Weinkontor zurück und hat mit dem Haus Müller-Ruinart nichts zu tun, das heute nicht mehr existiert.)

Der Inhaber von Müller-Ruinart hieß Antoine de Müller, ursprünglich Anton von Müller, und stammte aus Schwaben, wir haben bereits über ihn berichtet. Müller hatte zuvor als Kellermeister im Haus der Witwe Clicquot gearbeitet, ehe er sich selbstständig machte.

Bollinger heiratete 1837 Louise-Charlotte de Villermont, die 20jährige Tochter des Grafen, war ab 1846 Franzose und nannte sich Jacques Joseph Bollinger. Aus der Ehe gingen zwei Töchter, Marie (1838 – 1915) und Henriette (Henriette starb 1840 im Jahr ihrer Geburt) sowie die beiden Söhne Joseph (1844 – 1899) und Georges (1854 – 1918) hervor. Paul Renaudin hatte keine Nachkommen, sodass Bollinger und seine Kinder die alleinigen Besitzer des Unternehmens wurden. Der Name Renaudin blieb aber bis 1960 Teil des Firmennamens und erschien auch auf den Etiketten.

Der Firmengründer starb 1884. Seine beiden Söhne führten das Geschäft weiter, kauften Weinberge hinzu, bauten größere Keller und schärften das Image der Marke. Es gelang ihnen, zahlreiche Höfe Europas exklusiv mit ihrem Champagner zu beliefern. Für Königin Victoria von England war Bollinger ab 1884 einer der Hoflieferanten. 1918 übernahm Jacques Bollinger, der Sohn von Georges, die Geschäfte. Jacques heiratete 1923 Emily Law de Lauriston Bourbers (1899 – 1977) – besser bekannt als »Lilly Bollinger«. Sie kam aus reichem Haus. Ihr Mann Jacques baute die Kelleranlagen des Bollinger-Anwesens in der Champagne aus, kaufte weitere Weingüter in Tauxieres. Als er 1941 starb, übernahm seine Witwe Lilly die Geschäfte. Sie leitete das Haus Bollinger bis 1971.

Sie führte das Haus durch die schweren Jahre der deutschen Besatzung im Zweiten Weltkrieg. Nach dem Krieg machte sie aus

Bollinger ein modernes Unternehmen. Unermüdlich bereiste sie die Welt, um für Bollinger zu werben (und vor allem zu verkaufen). Mit mittlerweile berühmten Sätzen wie diesen, die sie in einem Zeitungsinterview geäußert hatte, brach sie überall das Eis: »Ich trinke den Champagner, wenn es mir gut geht und wenn ich traurig bin. Manchmal trinke ich ihn, wenn ich alleine bin. Wenn ich in Gesellschaft bin, gehört er dazu. Ich nippe in bisschen an ihm, wenn ich keinen Appetit habe, und trinke ihn, wenn ich hungrig bin. Ansonsten rühre ich ihn nicht an, es sei denn, ich bin durstig.«

Das Haus Bollinger verfügt über 164 Hektar eigener Weinberge, was ausreicht, um 70 Prozent der Weine für die edlen Spitzenchampagner selbst zu keltern. In guten Jahren werden die Weine in alten Eichenfässern ausgebaut. Die Vorratsweine (»vin de réserve«) lagern fünf bis zwölf Jahre in Magnum-Flaschen, eine Methode, die einzigartig ist in der Champagne. Auf diese Weise bleibt die Frische der »vins de réserve« bewahrt und der Kellermeister kann noch nach Jahren präzise die bewährte Assemblage des Special Cuvée komponieren.

Die Tradition der Champagnererzeugung bei Bollinger sieht außerdem vor, dass selbst jahrgangslose Flaschen mindestens drei Jahre auf der Hefe ruhen – mehr als doppelt so lange wie in vielen anderen Häusern üblich. Die vollendeten Jahrgangs-Champagner werden teilweise bis zu acht Jahre auf der Hefe ausgebaut, wie der Extra Brut R.D. (récemment dégorgé, also erst kürzlich degorgiert). Dazu kommt die Regel, dass kein Champagner das Haus Bollinger verlässt, bevor er nach dem Degorgieren und der endgültigen Verkorkung nicht noch mindestens drei Monate geruht hat, um sich vom »Schock des Degorgierens« zu erholen.

Eine weitere Besonderheit im Hause Bollinger sind die Extra Brut R.D. Jahrgangs-Champagner: Sie bestehen aus der gleichen Grundcuvée wie die Grandes Années, wurden aber etwa drei Jahre länger auf der Hefe ausgebaut und nur mit drei bis vier Gramm Zucker, etwa der Hälfte der Grandes Années, dosiert. Sie kommen mit dem jeweiligen Degorgierdatum in den Handel und begeistern durch ihre Kraft und Frische trotz des höheren Alters.

Bollinger gilt als der »britischste« aller Champagner. Spätestens seit der erfolgreichen britischen Sitcom »Absolutely Fabulous« (erste Staffel 1992), die in Deutschland auf Privatsendern lief und auf DVD verkauft wird, hat sich der Kurzname »Bolly« auf der Insel für den Champagner eingebürgert.

Heute existieren nur noch wenige unabhängige und selbstbestimmte prominente Champagnerhäuser. Als eines der wenigen Champagnerhäuser ist Bollinger bis heute in Familienbesitz.

KRUG – BETONT EXKLUSIV – EIN PERFEKTIONIST BEI DER ARBEIT

Die Geschichte der Krugs reiht sich ein in eine lange Reihe von deutschen Unternehmern, die ihre Koffer in der Champagne auspackten. Johann-Josef Krug kam 1800 in Mainz zur Welt – Mainz gehörte allerdings in dieser Zeit zu Frankreich, das in den Koalitionskriegen 1792 das linke Rheinufer einschließlich Mainz erobert hatte. Krug war deshalb von Kind auf mit der französischen Lebensart und Sprache gut vertraut.

Der republikanische Funke war nach 1789 auch auf Mainz übergesprungen. Die Aufklärung und die Französische Revolution faszinierten die jungen Deutschen. Die französischen Besatzer vertrieben 1792 den Fürstbischof, ließen erstmals freie Wahlen abhalten und initiierten 1793 die Gründung der »Mainzer Republik«, des ersten freien Parlaments Deutschlands. Es war nur eine kurze Freiheit, die preußische Armee hatte sie im Juli desselben Jahres wieder beendet. Als Napoléons Truppen 1797 in die Stadt einmarschierten und sie ein zweites Mal besetzten, wurde Mainz bis 1814 zur Hauptstadt des französischen Département du Mont-Tonnere.

Joseph Krug wuchs in diesem deutsch-französischen Umfeld auf. Er war das vierte Kind eines Metzgers. Seit vier Generationen waren alle Krugs Metzger. Doch Joseph stand der Sinn nicht nach Schweineschnitzel und Kalbsleber. Unter Napoléon wurde das Recht des Erstgeborenen abgeschafft und Joseph Krug hätte einen Teil des Geschäftes seines Vaters übernehmen können. 1816 jedoch, Mainz gehörte nach dem Wiener Kongress wieder zum Großherzogtum Hessen, wurde der alte Zustand wieder hergestellt. Krug zog die Konsequenz, fließend Deutsch, Französisch und Englisch sprechend ging er ins Ausland, zunächst nach England.

Mit 24 kam er nach Paris als Weinhändler und Handlungsreisender. Er war nicht der einzige. Joseph zog es in die Champagne. Dort herrschte eine Atmosphäre der Toleranz, die einheimischen Händler erkannten erfolgreiche Händler aus anderen Ländern neidlos an. Er heuerte 1834 bei Jacquesson & Fils in Châlons-sur-Marne (heute Châlons-en-Champagne) an, einem der damals größten Champagner-Häuser. Schnell wurde er als Handlungsreisender so wichtig, dass er zum stellvertretenden Direktor und Teilhaber aufrückte. 1841 heiratete er die Engländerin Emma Anne Jaunay (1810 – 1879), 1842 kam sein Sohn Paul (1842 – 1910) zur Welt.

Bereits 1840 hatte er sich mit Hippolyte de Vivès angefreundet, einen Champagner-Händler mit besten Referenzen. Drei Jahre lang testeten sie im Verborgenen neue Assemblagen. Das Ergebnis dieses groß angelegten Probetrinkens sollte sich als Grundlage des späteren Charakters von Krug-Champagnern erweisen.

Unterstützt von de Vivès, gründete Joseph Krug 1843 in Reims das Maison Krug & Compagnie und begann Wein und Champagner zu vertreiben. In seiner Zeit bei Jacquesson hatte er die Beobachtung gemacht, dass die Launen des Wetters in einem Jahr für große Unterschiede in der Qualität sorgten. Nun forderte er die Natur heraus: Jedes Jahr wollte er einen Champagner gleicher Qualität produzieren. Ab 1845 stellte die Firma ihren eigenen Champagner her. Er hatte von Anfang an einen exklusiven Kundenkreis vor Augen: Kenner und Liebhaber. Krug galt als umgänglich, aber zugleich als Perfektionist.

Er notierte alle Grundlagen des Krug-Geschmacks in sein Notizbuch – ein Testament, das bis heute im Hause Krug wie ein Schatz bewahrt wird. Darin hielt er etwa fest, dass nur mit besten Trauben bester Champagner zu haben ist. Dabei musste jede kleine Parzelle einzeln beurteilt, degustiert werden.

Das berühmte Terroir, die Gesamtheit aller natürlichen Faktoren um den Weinbau – die Rebe, die Bodenbeschaffenheit, das Klima – war essenziell für ihn. Um vom Wetter unabhängig zu werden, sammelte er Weine aus unterschiedlichsten Parzellen (manchmal nur wenige Dutzend Meter lang und breit) und notierte sich deren Eigenschaften. Daraus ging eine ganze Bibliothek von Weinen aus vielen Jahrgängen hervor.1846 nahm er die französische Staatsbürgerschaft an und nannte sich Jean-Joseph Krug.

Doch die Zeiten, in denen Joseph Krug sein Vermögen machte, waren nicht einfach. Den Geschäften nicht gerade förderlich waren die 1848er-Revolutionen in Europa, der Staatsstreich Louis Napoléons in Frankreich und der Krim-Krieg auf russischer Seite. Von 1845 bis 1865 explodierte die verkaufte Menge trotzdem von 40.000 auf 190.000 Flaschen. Zu den Verkostungen nahm er schon früh seinen Sohn Paul mit und mahnte ihn: »Schreib alles auf, nichts darf vergessen werden.« Der Gründer selber notierte alles in ein Notizbuch mit dunklem Ledereinband. Noch heute ist es am Sitz der Firma in Reims ausgestellt.

1866 starb Joseph Krug in Reims. Wenn man genauer hinschaut, ist das Buch für ein Kind geschrieben. Paul, sein einziger Sohn, war im Todesjahr des Vaters erst 14 Jahre alt. Nach seinem Tod erbten seine Witwe, sein Sohn Paul und Hippolyte de Vivès das Unternehmen.

Paul Krug heiratete Caroline Herlé (1846 – 1915), mit der er zehn Kinder hatte. Sein Sohn Joseph (1868 – 1967) leitete ab 1910 das Haus. Im Ersten Weltkrieg war Joseph in deutsche Gefangenschaft geraten, während dieser Zeit leitete seine Ehefrau Jeanne das Unternehmen.

Krug ist bis heute ein Mythos in der Welt der Kenner. Nicht nur, weil das Unternehmen keinen einzigen erschwinglichen Wein anbietet, der günstigste Champagner kostet etwa 80 Euro. Eine Flasche Rosé kann durchaus auch mal 650 Euro kosten. Doch das stört einen echten Krug-Fanatiker kaum. Für den Champagner-Kenner Richard Juhlin ist Krug »mehr als ein Champagner. Es ist ein Begriff, der für Kunstsinn, Tradition, Handwerk und Momente des maximalen Genusses steht.«

Das Champagnerhaus gehört seit 1999 zu dem Konzern Louis Vuitton Moët Hennessy (LVMH). Die Unabhängigkeit des Hauses in der Champagner-Herstellung blieb jedoch gewahrt. Bis heute besetzen die Nachkommen der Familie Krug die leitenden Positionen.

DEUTZ, GELDERMANN UND DIE WITWEN

Im November 1838 fassten sich drei junge Männer ein Herz. Ihr gemeinsames Champagner-Haus schrieben sie ins Handelsregister unter dem Namen »Lambry, Geldermann und Deutz« ein.

Was bewegte das Trio dazu? Peter-Joseph-Hubert Geldermann wurde 1810 in Aachen geboren. Seine Geburtsurkunde war französisch, weil auch Aachen zum Napoléon-Imperium gehörte. Sein Vater, ein Fassbauer, erzog ihn zweisprachig. Auch Wilhelm Deutz, geboren 1809, kam aus Aachen. Anfang der 1830er-Jahre trafen sie sich in Aÿ. Frankreich prosperierte unter dem Bürgerkönig Louis-Philippe und war deshalb attraktiv für unternehmenslustige Immigranten.

Deutz kannte das Champagnergeschäft. Seit 1830 war er für das Champagnerhaus Bollinger als Reisender unterwegs gewesen. Geldermann hatte ab 1832 einen Weinhandel betrieben, nach anderen Quellen soll auch er für Bollinger gearbeitet haben.

Die 1838 gegründete gemeinsame Firma hatte großen Erfolg, die Räumlichkeiten wurden schnell zu klein und so beschlossen die Gründer, einen Teil des Unternehmens abzuspalten – mittels Losentscheid. Es gewannen Deutz und Geldermann, Lambry wurde ausbezahlt. Und so hieß das Unternehmen

»Deutz und Geldermann«. Aus Briefen der beiden Besitzer geht hervor, wie sehr sie sich damals vor einem unternehmerischen Fehlgriff fürchteten.

Fast zeitgleich (1845 und 1846) nahmen sie die französische Staatsbürgerschaft an, Geldermann nannte sich Pierre-Hubert Geldermann, Deutz wurde William Deutz. Doch privat gingen sie entgegengesetzte Wege. Geldermann integrierte sich perfekt in die französische Gesellschaft. Deutz hingegen verbrachte sein soziales Leben in Aachen, wo er regelmäßig zum Jagen war. Auch deshalb kannte er viele Mitglieder des deutschen Adels – potenzielle Kundschaft.

So wuchs sein Kundenstamm stetig: Aus Aachen, Köln, Frankfurt, Berlin, Mainz etc. kamen Aufträge. Die größten Marketing-Coups aber lieferten mondäne Großereignisse. Um sie entzündete sich grundsätzlich ein harter Wettbewerb unter den Champagner-Häusern. So wie 1840, als die Thronbesteigung des neuen Königs von Preußen Friedrich Wilhelm IV. gefeiert wurde. »In 15 Tagen Feierlichkeiten könnte die Gesellschaft 50.000 Flaschen Champagner trinken«, errechnete Deutz. Leider wurde nichts daraus, weil der Hof sparen musste.

Der Deutsch-Französische-Krieg 1870/71 unterbrach das Champagner-Geschäft mit Deutschland kurzfristig. Deutz fühlte sich zwischen den Fronten und mied Frankreich. Er ging während des Krieges ins Exil. Beide Gründer starben 1884. Die beiden Häuser waren auch in der nächsten Generation eng verbunden. Marie Deutz, die Tochter des Gründers, hatte Alfred Geldermann geheiratet. Als sie 1897 ihren Mann verlor, nahm sie die Geschäfte selbst in die Hand – neben der Witwe Clicquot eine weitere der geschäftstüchtigen Champagner-Witwen.

Aufgrund der wachsenden Bedeutung des deutschen Marktes und der Zollpolitik gründete das Unternehmen 1904 eine Kellerei im elsässischen Hagenau, das damals zum Deutschen Reich gehörte. Dort wurde der aus Frankreich in Fässern gelieferte Wein nach dem traditionellen Verfahren – also durch zweite Gärung in der Flasche – zu Sekt verarbeitet. Die Zollabgaben für Fasswein betrugen nur ein Viertel der Abgaben für Champagner.

Nach dem Ersten Weltkrieg wurde das Elsass französisch und für den Export nach Deutschland musste wieder Zoll gezahlt werden. Daher wurde am 17. April 1925 die Kellerei Deutz & Geldermann in Breisach gegründet. 1995 wurde das Unternehmen in die Kellereien Deutz in Aÿ und Geldermann in Breisach aufgeteilt. Das Champagnerhaus Deutz wurde von Louis Roederer übernommen.

Deutz war in der Arbeitsteilung der Marke der Handlungsreisende gewesen. Ein immens wichtiger Part. Oft entschied er über Wohl und Wehe des Unternehmens. Der Reisende musste das Talent haben, gleichzeitig viel Wind zu machen – und trotzdem vornehm zurückhaltend zu wirken. »Ein Reisender muss ein angenehm Aussehen und über eine gute Gesundheit verfügen«, schrieb Deutz einmal an Geldermann, »er muss moralisch gute Prinzipien haben und solide sein.«

Gleichzeitig waren die Reisenden eine Art Spion für das Mutterhaus. Wie kommt der Geschmack wo an? Wie das Etikett? Immer öfter nahmen die Reisenden auch einen Gehilfen mit. Er hatte vor allem die Funktion, bei Streitigkeiten mit den Kunden zur Stelle zu sein.

Das Champagnerhaus Deutz gehört – wie bereits erwähnt – seit 1993 zu dem Champagnerhaus Roederer.

DIE UNGLAUBLICHE KARRIERE VON «CHAMPAGNER CHARLIE«

Die Heidsiecks sind ein Musterbeispiel, wie man in kurzer Zeit eine Dynastie im Ausland aufbaut. Sie holten Ende des 18., Anfang des 19. Jahrhunderts einen ganzen Clan aus Deutschland nach. Zu Anfang legte der aus dem westfälischen Borgholzhausen stammende Firmengründer Florenz-Ludwig Heidsieck seine ganze Hoffnung in seinen einzigen Sohn, doch der starb im Alter von fünf Jahren.

Zum Glück gab es zahlreiche Neffen im heimischen Westfalen: Heinrich-Ludwig Walbaum etwa, den Sohn seiner ältesten Schwester, Karl-Heinrich Heidsieck, den Sohn des Bruders und Christian Heidsieck, der jüngere Bruder von Karl-Heinrich. Sechs Neffen kamen nach und nach in die Champagne – und drei davon wurden mehr oder weniger schnell ins Geschäft gesteckt und haben neben französisierten Namen auch die französische Staatsbürgerschaft angenommen.

Karl-Heinrich Heidsieck alias Charles-Henri Heidsieck etwa wurde schon mit 21 Jahren nach Russland geschickt, um Champagner zu verkaufen: ab 1811, die Truppen Napoléons bereiteten den Einmarsch in Russland vor. Heidsieck wollte dem zuvorkommen und ritt auf einem weißen Hengst die 3000 Kilometer bis Moskau – vielleicht, um dort dann mit den Siegern feiern zu können. Im Tross hatte er einen Assistenten; ein Lasttier trottete hinterher, mit Gepäck und Champagner-Flaschen beladen. Sein Einzug in Moskau muss trotz der Kriegsvorbereitungen triumphal gewesen sein, er wurde belagert und alle wollten seinen Champagner probieren. Der Marketing-Coup kam Louis Bohne, dem Vertreter von Veuve-Clicquot zu Ohren, der Russland als seinen privaten Einflussbereich betrachtete und deshalb nicht begeistert war. Nachdem der Zar die Einfuhr französischer Champagners verboten hatte, war es ungleich schwieriger, diese Barriere zu unterlaufen und den russischen Markt zu erreichen – wie Bohne es trotzdem geschafft hat, ist zuvor beschrieben worden.

Der Heidsieck-Clan war dann doch zu groß, um sich nicht bald zu zerstreiten. Neffe Walbaum machte sich als Erster selbständig (mit der Firma Walbaum Heidsieck & Co.). Daraus hervor ging die heutige Marke Heidsieck Monopole, die seit 1996 Teil der Vranken-Gruppe ist, zu der auch die Marke Pommery gehört.

Christian, der Bruder von Charles-Henri, startete 1834 sein eigenes Unternehmen, das nach seinem überraschend frühen Tod 1835 von dem Deutschen Heinrich Wilhelm Piper alias Henri-Guillaume Piper übernommen wurde, der ebenfalls mit den Heidsiecks verwandt war (er war sein Schwager und entfernt mit dem Gründer Florens-Louis verwandt). Jean-Claude Kunkelmann, ein Sohn des Polizeipräsidenten der Stadt Mannheim, investierte einen Teil seines Vermögens in das Champagnerhaus, das er nach dem Tod von Piper erbte und danach eine Zeitlang unter dem Namen Kunkelmann & Cie. weiterführte. Damals stieg das Haus zum k.u.k. Hoflieferanten auf. Der Sohn Ferdinand übernahm 1881 das Unternehmen, dessen Tochter einen Marquis heiratete. Als der Marquis und die Marquise das Champagnerhaus erbten, nannten sie es wieder Piper-Heidsieck – und so heißt es noch heute. Bis 1989 war es in Familienbesitz, gehört jedoch seither zur Rémy-Cointreau-Gruppe.

Die familiären Verbindungen des Heidsieck-Clans sind heute so unübersichtlich, dass selbst Grafiken keinen guten Überblick versprechen.

Doch einer unter ihnen hat es besonders weit gebracht, damals im 19. Jahrhundert: Charles-Camille Heidsieck, der Sohn von Charles-Henri Heidsieck, der mit seinem Ritt nach Moskau für Furore gesorgt hatte. Das Abenteurerblut hatte er wohl von seinem Vater geerbt.

Noch bevor er 30 Jahre alt war gründete Charles-Camille Heidsieck seine eigene Champagner-Firma – es war 1851 die letzte Ausgründung des Heidsieck-Clans. Charles-Camille war nicht nur Champagnerproduzent, sondern auch begeisterter Jäger. Und nirgends ließ sich das Geschäft mit dieser Leidenschaft damals besser verbinden als in den USA.

Einige der Champagnerhersteller hatten die USA schon in kleinerem Umfang beliefert. Doch der Kontinent galt als wild und für Geschäfte riskant. Die USA waren damals noch weitgehend champagnerfrei. In diesen Zeiten musste ein Unternehmer noch mit seiner Ware reisen. Bei seiner zweiten amerikanischen Reise waren das immerhin 300.000 Flaschen, die im Bauch eines stolzen Handelsschiffes den Atlantik überquerten. Die Amerikaner waren entzückt von diesem zupackenden Self-Made-Man, der nicht nur Champagner-Flaschen in allen Größen mitgebracht hatte, sondern auch seinen eigenen Revolver (das Feinste, was es in Paris gegeben hatte). Charles ging der Ruf voraus, einer der besten Schützen Frankreichs zu sein – eine ideale Kombination für das amerikanische Publikum.

»Unser Champagner-Charlie kehrt zurück«, jubilierte denn auch die amerikanische Presse auf den Titelseiten. Heidsieck hatte dieses Mal nicht nur Schaumwein, sondern auch edle französische Waffen an Bord. Wie bei einem Hollywood-Star verfolgte die Öffentlichkeit die Wege dieses Botschafters des guten Geschmacks. Heidsieck geht Büffel jagen, Heidsieck paddelt den Mississippi hoch, Heidsieck fährt im Zug. «Was für ein Land, was für unbegrenzte Möglichkeiten«, schrieb er in die Heimat.

Als 1861 der amerikanische Bürgerkrieg ausbrach, hielt sich Heidsieck gerade wieder einmal in der Champagne auf. Es drohte ein Finanzdesaster, seine Firma hatte bereits ihren Hauptmarkt in Amerika, über die Hälfte seiner Investitionen waren dort gebunden! Es kam wie befürchtet: Ein Dekret erlaubte es Geschäftsleuten auf Seiten der Union (der Nordstaaten), die Begleichung ausstehender Schulden auszusetzen. Die Verordnung war eigentlich dazu gedacht, dass der Norden Rechnungen für Baumwolllieferungen aus den Südstaaten nicht bezahlen musste, um so die abtrünnigen Konföderierten finanziell auszuhungern. Was als Moratorium gedacht war, nutzte Heidsiecks Hauptagent David Bayaud und andere Schuldner als Vorwand, um auch die noch offenen Champagnerrechnungen nicht zu bezahlen. Also setzte sich Heidsieck ins nächste Schiff, um über dem großen Teich Schulden einzutreiben. Ein gewagtes Unterfangen, zumal – wie sich bald herausstellen sollte – dieser Sezessionskrieg sehr blutig war: etwa 600.000 Tote in den Jahren 1861–1865, den Kriegsparteien stand nach anderem als Champagner.

Heidsieck wusste, dass sein Betrieb kaum überleben konnte, wenn er nicht zumindest einen Teil der Schulden eintreiben konnte. Im Zickzack-Kurs stahl er sich an den Fronten vorbei in die Südstaaten. Doch auch die dortigen Schuldner konnten nicht bezahlen: »Wir haben kein Geld, höchstens Baumwolle.« Die war durchaus wertvoll, nur musste er sie zuerst aus dem Kriegsgebiet geschmuggelt bekommen.

Mit jedem Tag verkleinerten sich seine Erfolgschancen, vergrößert hatte sich allenfalls die Enttäuschung. Schließlich gab es keinen Landweg Richtung Norden und die südlichen Häfen waren erst recht von Kriegsschiffen blockiert. Er fand trotzdem zwei Schiffe für die Baumwolle. Das erste wurde am April 1862 versenkt, das zweite wenig später. Dann verdingte er sich als Barman auf einem Schaufelraddampfer, um von Mobile, Alabama, nach New Orleans, Louisiana, zu gelangen. Dummerweise hatte er sich bereit erklärt, einen Koffer mit Papieren mitzunehmen, die ihm der französische Konsul in Mobile für seinen Kollegen in New Orleans anvertraut hatte. In New Orleans angekommen war die Freude nur von kurzer Dauer: Die Stadt war bereits in den Händen der Unionisten. Das Schiff wurde untersucht, und als man den Heidsieck anvertrauten Koffer öffnete, fand man darin Angebote französischer Tuchhändler für Uniformen der Konföderierten.

Heidsieck wurde der Spionage bezichtigt und in das modrige Gefängnis in Fort Jackson, eines »Yankee-Forts« im Mississippi-Delta, geworfen, das unter anderem von Alligatoren bewacht wurde. Selbst die Hinrichtung war nicht ausgeschlossen. Obwohl sich Napoléon III., der französische Botschafter und viele andere für ihn einsetzten, hielt man ihn fest. Erst Monate später kam er im November 1862 auf Betreiben Abraham Lincolns frei. Die Heimreise konnte er erst im Frühjahr 1863 antreten, so entkräftet war er. Heidsieck wusste genau, was ihn in der Champagne erwarten würde: Seine Frau hatte bereits begonnen, den Hausstand zu verkaufen, sein einst florierender Betrieb war bankrott.

So gäbe es heute keinen Champagner »Charles Heidsieck«, wenn, ja wenn es nicht das »Wunder des Champagner-Charlie«

gegeben hätte. Ein Bote – in einer Version der Geschichte sei es ein Missionar gewesen – klopfte an einem Winterabend bei Heidsieck an die Tür und brachte ihm einen Packen Papiere und eine Landkarte. Veranlasst hatte diese Reise wohl der Bruder seines früheren Agenten, der auch Schulden bei Heidsieck hatte. Geld hatte er nicht dabei, allerdings etwas viel Wertvolleres. Die Papiere waren Besitzurkunden für Land in Colorado, ausgestellt auf Heidsieck. Es waren Grundstücke – eine Quelle nennt 127 Parzellen – im Stadtgebiet von Denver. Es soll sich um ein Drittel des Stadtgebiets gehandelt haben, die Grundstücke waren inzwischen sehr wertvoll geworden, weil Denver einen Boom erlebte. Heidsieck veräußerte diese Grundstücke, erlöste dabei etwa 460.000 Dollar und war mit einem Schlag alle Sorgen los.

Diese abenteuerliche Geschichte machte auch in Film und Fernsehen Karriere: Verfilmt wurde der Stoff 1936, 1944, und zuletzt 1989 unter dem Titel »Champagne Charlie« fürs Fernsehen mit Hugh Grant in der Hauptrolle – und nie gab es einen Hinweis darauf, dass der verwegene Geselle deutscher Abstammung war.

Die Marke Charles-Heidsieck gehört seit 1985 zur Rémy-Cointreau-Gruppe.

CHAMPAGNER IM 19. JAHRHUNDERT

Im 19. Jahrhundert lichteten sich allmählich die Geheimnisse, die sich hinter den Vorgängen der alkoholischen Gärung verbargen. In der Chemie hatte es gegen Ende des 18. Jahrhunderts bereits einen Wechsel in den grundlegenden Vorstellungen gegeben von der Phlogiston-, der »Feuerstoff«-Theorie hin zu den modernen quantitativen Messmethoden. Dafür waren genauere Messverfahren ausschlaggebend. Wenn nach der alten Theorie Eisen rostete – heute sagen wir: oxidierte –, dann sah man darin ein Zeichen, dass das Eisen Feuerstoff enthielte, der nun entwich. Folglich müsste das Eisen dann leichter geworden sein. Das Gegenteil war allerdings der Fall – was nur erklärbar war, wenn etwas – hier der Sauerstoff – hinzugekommen war. Dank genauerer Instrumente ließ sich dieser minimale Zuwachs messen. Und überhaupt: das Messen wurde zu einem zentralen Thema des 19. Jahrhunderts. Im Mittelpunkt für unsere Belange stand dabei der Zucker.

Zucker war besonders wichtig für die Weinregion der Champagne, weil die Trauben dort wegen der nördlichen Lage bisweilen nicht richtig reif wurden, so einen geringen Alkoholgehalt entwickelten und mehr Säure enthielten. Die Sache hatte allerdings einen Haken. Zucker war damals ausschließlich teurer Rohrzucker, den Frankreich aus seinen Kolonien in der Karibik, hauptsächlich aus Martinique und den westindischen Inseln, bezog. Die Seeblockade der Engländer nach der Schlacht von Trafalgar und die Kontinentalsperre, die Napoléon darauf folgen ließ, sorgten dafür, dass kaum mehr Zucker geliefert werden konnte. Napoléon beauftragte nun die Chemiker seiner Zeit, nach Lösungen für dieses Problem zu suchen.

Der Pharmazeut und Agronom Antoine Augustin Parmentier (1737 – 1813) spielte dabei eine wichtige Rolle. Parmentier hatte wesentlichen Anteil daran, dass sich die Franzosen besser ernähren konnten. Die Deutschen waren damals in der Chemie bereits weiter fortgeschritten, und so verbrachte Parmentier in den 1760er Jahren einige Zeit in Frankfurt am Main bei einem der damals berühmtesten Pharmazeuten, kehrte aber dann wieder nach Frankreich zurück. Nach der Hungersnot von 1769 ging es darum, welches Lebensmittel das klassische Brot am besten ersetzen und ergänzen konnte. Parmentier hatte die Kartoffel ins Feld geführt und sich dafür eingesetzt, dass deren Anbau ausgeweitet wurde. Er konnte außerdem zeigen, dass sich auch andere Mehlsorten als Weizenmehl zum Brotbacken eigneten, und er verbesserte das Backverfahren. Als durch die Kontinentalsperre der Rohrzucker ausblieb, war Parmentier einer der ersten, der herausfand, dass sich auch aus heimischen Feldfrüchten Zucker und Zuckerersatzstoffe gewinnen ließen. Er schlug den Winzern der Marne-Region verdickten Traubensaft vor. Dieser Sirup sei sogar besser als Rohrzucker geeignet, sich mit dem Wein zu vermischen. Parmentier starb 1813 in Paris und gilt als einer der Väter der Lebensmittelchemie.

Ein Glücksfall für die Champagner-Produktion war schließlich Napoléons Ernennung des Arztes und Chemikers Jean-Antoine Chaptal (1756 – 1832) zum Innenminister. Chaptal hatte sich die Lehren Lavoisiers (1743 – 1774) zueigen gemacht, der mit seinen quantitativen Methoden als Begründer der modernen Chemie gilt. Auf Chaptal geht die Methode der Trockenzuckerung von Wein (nach ihm Chaptalisierung benannt) zurück. Sie besteht darin, dass man durch gezielte Zuckerzugabe vor oder während der Gärung des Traubensafts den Alkoholgehalt des Weins erhöhen konnte. Parmentier hatte den Boden dafür bereitet, da erinnerte sich Napoléon an einen deutschen Forscher, den Chemiker Andreas Sigismund Markgraf (1709 – 1782), der den Zuckergehalt heimischer Pflanzen entdeckt und behauptet hatte, dass man Zucker auch aus einer ganz bestimmten Rübensorte gewinnen könne. Das Verfahren wurde erst belächelt und als Hirngespinst abgetan. Die Bauern wollten nichts damit zu tun haben. Das Landwirtschaftsministerium forcierte den Zuckerrübenanbau und das, wie wir wissen, mit Erfolg: Man war nun nicht mehr auf den Zuckerimport aus der Karibik angewiesen.

Jetzt hatte man zwar Zucker, doch fehlte die quantitative Kontrolle – noch immer gingen deshalb viele Flaschen zu Bruch. Die Zunge war hier ein unzuverlässiger Partner, denn ein Wein konnte durchaus mehr Zucker enthalten als ein anderer, obwohl man es durch den höheren Säuregehalt nicht herausschmeckte. Ein objektives Messverfahren musste her. Im Jahr 1836 veröffentliche der Apotheker Jean-Baptiste François (1792 – 1838) ein Manuskript, in dem er ein Messverfahren beschrieb, mit dem sich der Zuckergehalt des Weins vor der Flaschenabfüllung genau bestimmen ließ. Diese »Réduction François« ermöglichte dann auch erstmals die genaue Bestimmung – falls nötig – der Fülldosage, also der Zuckerzugabe bei der Flaschenabfüllung: weniger, für einen mäßig schäumenden Wein, sodass die Kohlensäureentwicklung in der Flasche einen Druck von 4,5 bis 5 erzeugt (1 Bar entspricht ungefähr dem Luftdruck auf der Erdoberfläche); mehr, bei einem »saute bouchon«, einem Wein, der mit 5 bis 6 Bar Überdruck den Korken zur Decke schießen lässt.

Inzwischen hatte die Chemie auch besser verstanden, wie es zur alkoholischen Gärung kommt. Schon im 17. Jahrhundert hatte man in England den Zusammenhang von Zucker und bestimmten Gärungsprozessen erkannt – der zuvor schon erwähnte Vortrag von Christopher Merret im Jahr 1662 ist ein Beleg dafür. Die chemischen Zusammenhänge entschlüsselte man allerdings erst 150 Jahre später. Der französische Chemiker und Physiker Joseph Louis Gay-Lussac (1778 – 1850) entdeckte 1810, dass Traubenzucker (Glucose) der Ausgangsstoff für die Entstehung von Ethanol, also Alkohol, war. Um 1815 konnte er die Reaktionsgleichung dafür aufstellen und zeigen, dass dabei Kohlendioxid (CO_2) freigesetzt wurde. Die Reaktion war quantitativ zwar beschrieben, doch wusste man nicht, was sie auslöste. In den 1830er-Jahren vertraten der schwedische Chemiker Jöns Jakob Berzellius (1779 – 1848) und sein deutscher Kollege Justus von Liebig (1803 – 1873) – letzterer gilt als der Begründer der Agrochemie und war der Erfinder des Suppenwürfels aus Fleischextrakt – eine »mechanistische Deutung«, wonach bei der Gärung bestimmte Stoffe als Katalysatoren, als Reaktionsbeschleuniger, wirkten. Der Chemiker und Mikrobiologe Louis Pasteur (1822–1895) stellte dagegen um 1857 fest, dass an den Gärungsprozessen Hefen – also Mikroorganismen – beteiligt waren. Pasteur postulierte deshalb eine »vitalistische Gärungstheorie«, wonach Gärungs-, aber auch Fäulnisprozesse immer die Einwirkung lebender Mikroorganismen voraussetzte. Diese »Vis-vitalis-These« konnte 1897 widerlegt werden, als der deutsche Chemiker Eduard Buchner (1860 – 1917) die zellfreie Gärung nachwies. Zellfreie Hefeextrakte lösten Gärungsprozesse aus, es waren also Stoffe, die diese Prozesse auch ohne Beteiligung lebender Zellen in Gang setzten – diese Biokatalysatoren werden Enzyme genannt. Buchner gilt als Begründer der Enzymchemie und erhielt für seine Entdeckung 1907 den Nobelpreis für Chemie. Die komplexen Zusammenhänge der Zuckervergärung und die Rolle, die Enzyme dabei spielen, wurden bis 1937 weiter erforscht, was den beteiligten Wissenschaftlern noch zwei weitere Chemie-Nobelpreise einbrachte.

In der Praxis war Pasteurs Entdeckung trotzdem von großer Bedeutung. Zwar waren es nur Enzyme, chemische Stoffe, die für die Gärung sorgten. Doch die wurden am einfachsten von den leicht einsetzbaren und überall verfügbaren einzelligen »Bioreaktoren« geliefert, wenn es darum ging, das Geschäft der chemischen Umwandlung von Traubenzucker in Alkohol zu erledigen. Dieser Hefeeinsatz wurde im Laufe der Zeit systematisiert. Gegen Ende des 19. Jahrhunderts führte es dazu, dass man bei der Flaschenabfüllung sogenannte Reinzuchthefen zusetzte, die zusammen mit dem Restzuckergehalt für die kontrollierte weitere Vergärung in der Flasche sorgten. Ebenfalls um diese Zeit konnten erstmals Flaschen maschinell hergestellt werden, was für eine gleichmäßigere Qualität sorgte und die Bruchgefahr minimierte.

Einige technische Verbesserungen traten noch hinzu. Der Champagnerhändler Adolphe Jacquesson hatte neben einer Flaschenreinigungsmaschine die »capsule de Champagne« oder auch »plaque de muselet« erfunden. Damit ist der Champagnerdeckel aus Metall gemeint, der auf dem Korken aufsitzt und mit seinen Einkerbungen die Agraffe, den Drahtkorb, in Form hält und zugleich verhindert, dass der Draht den Korken beschädigt. Jacquesson meldete seine Erfindung am 9. Juli 1844 zum Patent an. Dieser Deckel wird bis heute benutzt und diente auch später als Werbeträger. Inzwischen sind sie zu Sammlerobjekten geworden – besonders beliebt und wertvoll sind die Deckel der älteren Premiumjahrgänge. Dass der Champagnerproduzent deutscher Abstammung William Deutz die Umhüllung mit Metallfolie einführte, hatten wir erwähnt.

Wie stand nun das Publikum zu dem moussierenden Wein? Anfang des 19. Jahrhunderts hatte der Champagner keineswegs den Status, den wir dem edlen Getränk heute zubilligen. Jean Anthelme Brillat-Savarin (1755 – 1828) fügte in seinem Buch »La Physiologie du Goût« von 1826 (erste deutsche Übersetzung: 1865 »Die Physiologie des Geschmacks«) der Luxus-Marke Frankreich noch den »gourmet«, den Feinschmecker hinzu. Sein Werk wurde rasch zu einem Bestseller und es war und ist bis heute prägend für das Selbstbild der Franzosen. Es geht darin nicht nur um die Zubereitung exquisiter Speisen, deren genuss- und stilvollen Verzehr, sondern auch um eine bestimmte Lebenshaltung. Brillat-Savarin bezeichnete sich als Anhänger der Physiognomie Joseph Caspar Lavaters (1741 – 1801), einer Lehre, die aus den angeborenen Gesichtszügen und Körpermerkmalen Schlüsse auf den (guten oder schlechten) Charakter eines Menschen zog. In Brillat-Savarins Philosophie des guten Geschmacks, des Essens und Genießens schreibt er, die geborenen Feinschmecker seien »von mittlerer Größe; sie haben ein rundes oder viereckiges Gesicht, glänzende Augen, kleine Stirn, kurze Nase, fleischige Lippen und rundes Kinn. Die Frauen sind drall, eher hübsch als schön und etwas zum Fettwerden geneigt« – vermutlich entsprach das damals dem Stereotyp des Franzosen und der Französin.

Aus heutiger Sicht würden wir in diesem stilvoll inszenierten Sittenbild des Genießens den Champagner als ebenso stilvollen Begleiter erwarten. Doch bei Brillat-Savarin werden der Wein und andere alkoholische Getränke nur am Rande behandelt; noch schlechter kommt der Champagner dabei weg. Brillat-Savarin beschreibt an einer Stelle einen Doktor, der nur geeisten Champagner zu trinken pflegte. Zu Beginn einer Mahlzeit sei er sehr gesprächig und munter gewesen, während die anderen schweigend ihr Essen verzehrten; umgekehrt habe er beim Dessert nichts mehr gesagt, als die anderen Gäste sich munter miteinander unterhielten: »Aus dieser und vielen anderen Beobachtungen habe ich folgenden Satz abgeleitet: Der Champagner ist in seiner ersten Wirkung aufheiternd (ab initio), in der Nachwirkung dagegen verdummend (in recessu) (franz. stupéfiant), was übrigens der bekannten Wirkung des kohlensauren Gases zugeschrieben werden muss.« Ins selbe Horn stößt Sutaine, der in seinem 1845 erschienenen »Essai sur l'histoire de vin de la Champagne« hauptsächlich die stillen Weine beschreibt. Den Schaumweinen widmete er ein Kapitel und bemerkt, dass sie den Ruhm der alten Weine der Region erschüttert hätten. Sie seien zwar populär, aber Kenner würden sie eher verschmähen.

André Jullien bewertet in seiner 1822 erschienenen »Topographie de tous les vignobles connus« die Schaumweine auch eher zurückhaltend. Darin schreibt er über die Weine der Marne: »Besonders die weißen Sorten haben zu dem Ruf des Weins beigetragen; durch ihre Köstlichkeit, durch ihren angenehmen Duft und Geschmack und vielleicht noch mehr durch ihr Schäumen, das sie selbst in hohem Alter behalten und das, wenn es auch von Kennern nicht so hoch geschätzt, zumindest von den meisten seiner Konsumenten begehrt wird.«

Schaumwein ist für das breite Publikum, nicht für den Kenner – »la foule des amateurs vers les vrais gourmets« – auch wenn die Amateure zumindest genug Geld haben mussten, um sich Champagner leisten zu können. Viel hatte sich in Kennerkreisen seit Bertin du Rocheret nicht verändert, der schon ein Jahrhundert zuvor das Schäumen als ein Kennzeichen kleinerer, minderwertiger Weine betrachtet hatte: »Der gute Wein der Champagne sollte klar und fein sein, das kann er niemals, wenn er schäumt.« Die Beseitigung der Trübstoffe war nun zwar gelungen, doch die wahren Gourmets verschmähten den schäumenden Wein noch immer. Offenbar stand es um den Ruf des Champagners in dieser Zeit wirklich nicht zum Besten.

Wie kam es, dass der Champagner, obwohl teuer, beim Publikum damals offenbar Anklang fand, aber bei den Kennern – ob selbsternannt oder wirklich, sei dahingestellt – noch nicht angekommen war? Erinnern wir uns an eine Bemerkung Louis Bohnes, der Vertreter der Witwe Clicquot, er hatte das Wort »Nektar« für den Champagner verwendet, nach dem die Russen 1811 verrückt waren. Das Wort gibt den entscheidenden Hinweis: Champagner war süß und für die russischen Kunden sogar sehr süß. Die nördliche Lage der Weinberge der Champagne hat immer mal wieder dazu geführt, dass die Trauben nicht ganz ausreiften, Chaptals Verfahren der Zuckerzugabe, um den Alkoholgehalt zu erhöhen und den Wein zu »schönen«, wurde hier deshalb besonders häufig praktiziert. Damit ließen sich auch Schwächen überdecken, was Kennern möglicherweise nicht verborgen blieb. Dazu gehört auch der Hinweis Sutaines, dass die Beliebtheit des schäumenden Weins zu Betrügereien (»fraude«) und Fälschungen (»contrefaçons«) geführt und damit den Ruf des eigentlichen Weins aus der Champagne beschädigt habe.

Der Aufstieg zur Qualitätsmarke begann mit dem trockenen Champagner. Trockener Champagner der Kategorie »brut«, wie wir ihn heute kennen, verdankte sich wieder einem Impuls aus England. Am 17. Mai 1790 schrieb ein J. Jeanson an Moët über den englischen Markt, dass der Geschmack sich dort verändert habe: »Fast überall fragt man nach einem trockenen Schaumwein.« An süßen Weinen – Port, Madeira und Sherry – bestand in England traditionell kein Mangel. Doch der Hinweis Jeansons fand zunächst kein Gehör. 1850 bat Burne, ein englischer Händler, Louis Roederer »ihm naturherben Champagner zu überlassen«, was dieser rundweg ablehnte: Er, Roederer, »würde keine Verbeugung vor dem trockenen Baal machen, solange er lebe«.

Standard war bei allen Häusern damals der süße Champagner, in unterschiedlichen Abstufungen: süß für den deutschen und den französischen Markt, deutlich süßer für den osteuropäischen und extrem süß für den russischen Markt. Man trank ihn eher nach dem Essen zum Dessert, während die Engländer ihn nie am Ende einer Mahlzeit, sondern lieber zu Fisch oder weißem Fleisch genießen wollten. Burne fand dann doch einige Kellereien, die die weniger süßen »englischen Cuvées« produzierten. 1850 hatte Bollinger einen Champagner der Klassifikation »very dry« im Angebot. Um 1870 verschoben sich die Geschmäcker immer mehr in Richtung der trockeneren Varianten, getrieben auch von einer Generation jüngerer Konsumenten.

Louise Pommery ließ sich schließlich in den 1870er-Jahren auf das Abenteuer ein, einen ersten Champagner zu keltern, der das Etikett »brut« verdiente. Es war tatsächlich ein Abenteuer, denn der Trick mit der Zuckerung fiel nun weg. Nur die besten Trauben konnten genutzt werden, die auch länger reifen mussten – trotz des mitteleuropäischen kühlen Klimas der Champagne. Auch musste der Champagner selbst länger liegen, nicht mehr nur ein Jahr, sondern drei Jahre – was in den Kellern Lagerplatz beanspruchte und eine riskante Kapitalbindung bedeutete. 1874 passte alles zusammen, die Bedingungen waren ideal. Der 1874er-Pommery gilt damit als der erste wirkliche trockene Champagner.

Gegen Ende des 19. Jahrhunderts war der Champagner endgültig zu einem Bestandteil der französischen Nationalkultur geworden. Damals tauchte auch das Wort Champagner für diese andere Art von Wein in den Wörterbüchern auf. Auch in der Feindschaft zwischen Deutschland und Frankreich wurde der Champagner zunächst ausgeklammert. Kaiser Wilhelm I. und sein Kanzler Otto von Bismarck (1815 – 1898) schätzten den feinen Schaumwein aus der Champagne sehr. Bismarck soll auch sonst kein Kostverächter gewesen sein. Er galt schon zu Studentenzeiten als sehr trinkfest und liebte gutes Essen. Einmal brüstete er sich damit, er habe 175 Austern gegessen und auch von Kaviar könne er ein halbes Pfund verspeisen. Von ihm wird folgender Rat an einen Gast mit schwerem Kopf überliefert: »Ein gutes Mittel gegen Kater ist: eine ganze Flasche Champagner auf einmal austrinken. Und ich empfehle Ihnen einen salzigen Hering.« Nach dem Sieg der Preußen über die Franzosen 1870/71 haben sich die Deutschen einen Teil der Reparationen auch mit Wein und Champagner bezahlen lassen.

Wilhelm II. (1859 – 1941), der später die Deutschen in den katastrophalen Ersten Weltkrieg führen sollte, war hier fremdenfeindlicher eingestellt. Er lehnte französischen Champagner ab. Für ihn durfte es nur deutscher Sekt sein, wobei ihm wohl immer wieder auch einfach auf deutsch umetikettierter französischer Schaumwein untergeschoben wurde – das war unter Offizieren durchaus üblich. Als Wilhelm II. seinen damaligen Kanzler Bismarck aufforderte, deutschen Sekt zu trinken, entgegnete dieser: »Mein Patriotismus endet oberhalb meines Mageneingangs.« Bismarck und der neue Kaiser waren sich aber nicht nur in Sachen Wein uneins, am 18. März 1890 reichte der Kanzler seinen Rücktritt ein. »Dropping the pilot«, ins Deutsche meist übertragen als »Der Lotse geht von Bord«, war damals die Bildunterschrift unter eine Karikatur des »Punch«, der englischen Satirezeitschrift – der Satz wurde zu einem geflügelten Wort. Wilhelm II. wurde einige Jahre später zum unfreiwilligen Hauptakteur eines Marketing-Coups ausgerechnet für den verhassten französischen Champagner ...

DER MARKETING-COUP DES GEORGE KESSLER

Die Amerikaner schufen ihre eigenen Adelsprädikate. Wer die Show beherrschte und sich und seine Waren gut verkaufte, der war ein Star. Und wenn das nicht ausreichte, dann wurde er »König«. George Kessler, am 23. Januar 1863 in New York geboren, war einer der größten Weinimporteure Amerikas und Hauptimporteur von Moët & Chandon. Man nannte ihn »Champagnerkönig«, die Namensähnlichkeit mit Georg Kessler, dem ehemaligen Handelsreisenden von Clicquot und Gründer des gleichnamigen Esslinger Sekt-Hauses ist allerdings zufällig.

Seinen größten Coup landete der amerikanische Unternehmer 1902 für Moët & Chandon, dessen Marktanteil damals hinter Mumm lag. Wilhelm II. hatte in den USA eine neue Yacht bestellt, die »Meteor«, die in New York 1902 vom Stapel laufen sollte. Der Kaiser war angereist und hatte für die Schiffstaufe und das sich daran anschließende Bankett einige Kisten deutschen Sekts mitgebracht. Zu den Ehrengästen zählten Präsident Roosevelt und seine Frau. Kessler gelang es, die Flasche Sekt, die für die Schiffstaufe vorgesehen war, heimlich durch eine Flasche Moët & Chandon-Champagner zu ersetzen. Als die First Lady die Flasche gegen den Bug des Schiffes schleuderte, war der Kaiser entsetzt. Doch damit nicht genug: Kessler sorgte dafür, dass auf jedem Tisch des Festbanketts eine Magnum-Flasche Moët & Chandon stand. Wilhelm II. war außer sich und bestellte den Botschafter ein. Kessler und Moët waren begeistert, die Nachricht stand auf allen Titelseiten und sorgte so für kostenlose Werbung. Die Verkaufszahlen von Moët & Chandon schossen in die Höhe.

Kessler wusste noch bei anderen Gelegenheiten auf sich und seine Weine aufmerksam zu machen. Aus Anlass des Erdbebens von San Francisco im April 1906 veranlasste er, dass ein Eisenbahnwagen mit Moët & Chandon-Champagner für die Opfer in das Erdbebengebiet geschickt wurde. Auch das sorgte natürlich für entsprechende Schlagzeilen.

Kessler war Millionär und führte ein extravagantes Leben. Später gründete er eine Wohltätigkeitsorganisation für erblindete Soldaten. Er starb am 13. September 1920 in Paris.

Champagner

FÜR DIE SCHIFFSTAUFE

VON DEN WELTAUSSTELLUNGEN BIS ZUM »GROSSEN KRIEG«

EINE NEUE ZEIT BEGINNT

Champagner

»Er ist der Wein aller Weine,
er ist der Sohn der Sonne,
eine spirituelle Essenz.«
Charles Baudelaire (1821 – 1867)

Die zweite Hälfte des 19. Jahrhunderts war die Zeit der Industrialisierung. Die Infrastruktur wurde ausgebaut, die Eisenbahn wurde immer wichtiger. Die neuen Drucktechniken ermöglichten erstmals die Herstellung von großen, bunten Werbeplakaten. Der Druckereibesitzer Ernst Litfaß (1816 – 1874) hatte am 5. Dezember 1854 in Berlin die Erlaubnis erwirkt, die später nach ihm benannten Litfaßsäulen aufzustellen, und so Ordnung in die Plakatierung gebracht. 1888 verabschiedete die französische Nationalversammlung ein »Plakatierungsgesetz«, das erstmals das Anbringen von Werbeplakaten in der Öffentlichkeit erlaubte. Künstler wie Pierre Bonnard und Henri Toulouse-Lautrec nutzten das neue Medium und malten Plakate. Das erste Plakat wurde von einem kleinen Champagnerhaus in Auftrag gegeben, das heute allerdings nicht mehr existiert. Pierre Bonnard hatte es entworfen. Die neuen Verfahren erlaubten es, beliebige Materialien zu bedrucken. Das war der Beginn des modernen Marketing.

Um die »gloire« der Nation zu befördern, was könnte besser geeignet sein, als die Welt bei sich zu Gast zu haben? Die Idee der Weltausstellung war geboren. Der Impuls kam wieder einmal aus England, wo auf Betreiben Prinz Alberts 1851 im Londoner Hyde Park eine erste derartige Show ins Leben gerufen wurde. Eigens dafür wurde der Crystal Palace, ein Bauwerk aus Stahl und Glas, errichtet – es war dies eines der ersten Bauwerke, bei dem keine Naturmaterialien wie Stein oder Holz mehr eingesetzt wurden.

Frankreich griff die Idee der Weltausstellung rasch auf und so wurde Paris zwischen 1855 und 1900 fünfmal Schauplatz der »Exposition Mondiale«, die seither den Kurznamen »Expo« trägt. Marketing und »public relations« – ohne dass es so genannt wurde – waren schon immer die zentralen Ideen dieser Ausstellungen. Die teilnehmenden Länder präsentierten sich selbst, stellten ihre Produkte vor, immer wieder ging es um Neuheiten und Rekorde – und darum, möglichst viel Aufmerksamkeit zu erregen.

Anlässlich der Weltausstellung 1889 wurde in Paris der Eiffelturm zur Erinnerung an den 100. Jahrestag der Revolution errichtet – bis 1930 mit seinen 312 Metern Höhe das höchste Gebäude der Welt. Während derselben Ausstellung sorgte Eugène Mercier, der 1858 das Champagnerhaus Mercier in Épernay gegründet hatte, für gewaltiges Aufsehen. Er ließ das größte Fass der Welt von 24 weißen Ochsen auf das Ausstellungsgelände ziehen. 16 Jahre hatte man an dem Fass gebaut und es war so breit, dass man sogar Straßen erweitern und Gebäude dafür aufkaufen und abreißen musste. Außerdem nutzte er vermutlich als einer der ersten das neue Medium Film für PR-Zwecke und drehte einen Reklamefilm über Champagner, der ebenfalls für großes Aufsehen sorgte. Während der Ausstellung 1900 war es wieder Mercier, der besondere Aufmerksamkeit erregte, auch wenn der ursprüngliche Plan schiefging. Er ließ einen Heißluftballon am östlichen Stadtrand von Paris vertäuen und aufsteigen. Der Ballon konnte zwölf Passagiere in die Lüfte heben, die mit Blick auf Paris Champagner und kleine Snacks zu sich nahmen. Am 14. November, kurz vor Ende der Expo, sorgten heftigen Winde dafür, dass der Ballon aus seiner Verankerung gerissen wurde und abtrieb. Nach 16 Stunden landete er in Belgien, Gendarmen waren dann gleich zur Stelle und Mercier musste sogar Strafe zahlen – wegen illegalen Imports von Alkohol. Natürlich verbreitete sich dieses Ereignis weltweit durch die Presse – eine bessere Werbung für Mercier konnte es nicht geben.

Frankreich hatte sich nach dem 1870/71er-Debakel erstaunlich schnell erholt. In den verrückten 1890er-Jahren war der Champagner das Wahrzeichen der Zeit geworden. Er stand stellvertretend – wie es schon Voltaire bemerkt hatte – für den französischen Esprit und die französische Lebensart. Ein Schriftsteller der Zeit – Adolphe Brisson –verglich ihn mit der französischen Sprache, weil »er perlt und inspiriert und ständig in Bewegung ist«. Ein wenig störte es da, dass viele der renommiertesten Häuser ausgerechnet von Deutschen gegründet worden waren. Bei einzelnen Häusern, darunter Deutz & Geldermann, gab es aus diesem Grund Umsatzeinbrüche. Versuche, die eingeführten Markennamen durch französische Bezeichnungen zu ersetzen, wurden meist rasch wieder aufgegeben: die Marken waren einfach national und international zu gut eingeführt. Die meisten Deutschen waren im Übrigen längst Franzosen geworden und hatten mit den spröden kriegerischen Preußen wenig gemeinsam. Ansonsten ging es den Champagnerhäusern und den Weinbauern gut, sie verdienten soviel wie nie zuvor.

Die lange Friedensperiode der Dritten Republik zwischen 1879 und 1914 wird als »belle époque« bezeichnet. Es war eine Zeit der Feste und der Vergnügungen. Das Lebensgefühl des Flaneurs ist typisch dafür, das Sehen und Gesehenwerden in der

Öffentlichkeit. In den Varietés wurde Cancan getanzt und man genoss die Musik von Jacques Offenbach (1819 – 1880) – auch er ein in Paris lebender Deutscher. Ab 1879 war die »Marseillaise«, die lange Zeit verboten war, wieder die offizielle Nationalhymne Frankreichs. Die Impressionisten revolutionierten die Malerei, in der Musik schlugen Débussy und Strawinsky ungewohnt neue Töne an. Doch politisch ging es keineswegs so gelassen zu. Die Dreyfus-Affäre von 1894, bei der ein Kriegsgericht den Artillerie-Hauptmann Alfred Dreyfus wegen angeblichen Landesverrats zugunsten des deutschen Kaiserreichs angeklagt hatte, wuchs sich zu einem Justizskandal der Dritten Republik aus. Antisemitische und klerikale Kreise hetzten gegen den jüdischen Offizier und brachten Teile der Bevölkerung hinter sich; wer dagegen Dreyfus zu Hilfe kommen wollte, wurde oft bedroht. Der Schriftsteller Emile Zola, der sich für Dreyfus eingesetzt hatte, musste außer Landes fliehen, weil ihm Gefängnis drohte, so aufgeheizt war die Situation. Berühmt wurde sein Artikel »J'accuse…!«, »Ich klage an…!« von 1898. Unter der glanzvollen Oberfläche brodelte es. Es wurde viel getanzt, aber es war ein Tanz auf dem Vulkan.

BEDROHUNG KLEIN UND GROSS: REBLAUS UND EISENBAHN

Ein winziges Insekt mit lateinischem Namen »Viteus vitifoliae«, gemeinhin als Reblaus bekannt, machte den Weinbauern seit den 1880er-Jahren zunehmend zu schaffen. Zuerst betroffen waren die südlicheren Weinbaugegenden, die nördlicher gelegene Champagne schien verschont zu werden. Der Schädling war 1862 durch Rebstöcke aus Amerika eingeführt worden. Doch dann traf es auch die Champagne: 1892 waren es erst 1,6 Hektar, die befallen waren, 1897 5,3 Hektar, 1899 bereits

96 Hektar und um 1900 640 Hektar – nichts konnte die Ausbreitung des Schädlings, der die gesamte Weinernte zunichte machte, verhindern. Bis 1910 waren allein in der Marne-Region 6500 Hektar, fast 50 Prozent der Anbaufläche, betroffen. Man versuchte alles Mögliche, um die Schädlinge einzudämmen, pflanzte fleischfressende Pflanzen oder setzte Kröten aus. Ziegenurin sei das Mittel der Wahl und dann kam man auf die Idee, dass Männerurin am besten geeignet sei. Ganze (männliche) Schulklassen wurden darauf in die Berge abkommandiert, um dort ihre Blasen zu leeren. Es half alles nichts. Dass die einzige Rettung dann ausgerechnet aus Amerika kam, war den Weinbauern in der Champagne kaum zu vermitteln.

Der Vorschlag, dass man resistente Weinstöcke aus den USA nutzen solle und darauf die einheimischen Sorten pfropfen könne, wurde erst einmal niedergeschrien – zu unglaubwürdig schien es, dass von dort, woher das Übel stammte, auch die Rettung kommen sollte. Eine Lösung war nicht in Sicht. Unmittelbar vor dem Ersten Weltkrieg waren bereits 8100 Hektar in der Champagne befallen. Es dauerte lange, doch dann gelangten die Weinbauern zur Einsicht, gruben die befallenen Reben aus, pflanzten neue amerikanische Weinstöcke und lernten auch, wie man die heimischen Sorten darauf pfropfte. Der Erste Weltkrieg verzögerte diese Sanierung allerdings, sodass sie erst nach dem Krieg in den 1920er-Jahren zum Abschluss kam. Die Reblaus war besiegt.

Doch schon wartete eine weitere mächtige Bedrohung auf die Bauern der Region. Bereits unter Napoléon III. wurde in Frankreich das Eisenbahnnetz ausgebaut. Dieser Ausbau ging auch in der Dritten Republik weiter. Für die Weinbauern der Champagne war das eher ein Fluch als ein Segen. Nun konnten Weintrauben aus dem Loiretal herbeitransportiert werden, Trauben, die billiger waren, als die der einheimischen Winzer. Die Preise verfielen, aber auch die Qualität litt, weil die billigeren Trauben meist von minderer Qualität waren. Die Abnehmer der Trauben bildeten außerdem ein Kartell, das die Preise weiter drückte. Die einheimischen Winzer wehrten sich und es kam zu Gewaltausbrüchen. Erschwerend kam hinzu, dass nicht einmal klar war, was denn genau zur Champagne gehörte. Die Zentralregierung war am Zug. Am 17. Dezember 1908 legte sie fest, dass nur die Marne und einige Weinberge des benachbarten Département Aisne die Bezeichnung »Champagne« tragen dürfen. Die Winzer der südöstlicher gelegenen Region Aube waren vor den Kopf gestoßen. Sie wussten nicht mehr, wohin sie gehörten. Damals genügte es für die Bezeichnung Champagner, wenn 51 Prozent der Trauben aus der Region stammten – Betrügereien waren deshalb an der Tagesordnung. Eine schlechte Ernte 1910 sorgte dafür, dass die Einnahmen ausblieben und die Bauern verarmten. Die Proteste waren so massiv, dass sogar eine Regierung zurücktreten musste. 1911 erreichten die Unruhen einen Höhepunkt. Zehntausende wehrten sich in Straßenschlachten gegen die gierigen Produzenten, sie plünderten, steckten Gebäude in Brand und vernichteten Millionen von Flaschen Champagner. Darüber hinaus standen sich zwei Regionen in einer bürgerkriegsähnlichen Situation gegenüber, die Winzer des Marne-Tals und der Aisne auf der einen, die der Aube-Region auf der anderen. Im Übrigen wurde bei diesen Aufständen erstmals eine neue Technik eingesetzt: die Filmkamera. Sie half den Behörden dabei, Protestierende dingfest zu machen. Die Kämpfe hatten schließlich ein Ausmaß erreicht, dass die Regierung sogar Kavallerie einsetzte.

Unter dem Druck der Straße wurde das Gesetz von 1908 schließlich aufgehoben, nach der Verbesserung durfte sich die Region Aube »Champagne deuxième zone« nennen – nur zweitklassig zu sein war jedoch nicht wirklich ein Fortschritt. Es kam wieder zu Streiks und Aufständen, viele Winzer verbrannten öffentlich ihre Steuerbescheide.

Der Erste Weltkrieg unterbrach diesen Streit, wirklich gelöst wurde dieser Konflikt erst nach Kriegsende. 1919 wurde die »Appellation d'origine« eingeführt, um Betrügereien zu unterbinden; als Champagner durfte nur noch Schaumwein aus Trauben der Champagne bezeichnet werden. Die Winzer der Aube durften den Zusatz »deuxième zone« streichen. Sie gehörten nun mit dazu.

DER »GROSSE KRIEG«

In Deutschland nummerieren wir ihn als den »Ersten Weltkrieg«, für die Engländer und Franzosen ist es der »Große Krieg«. Kein Wunder, denn auf französischen Boden kam es mit zu den schlimmsten Verwüstungen; Berlin und Wien waren für diesen Krieg Hinterland, in dem die Auswirkungen der Kämpfe nur indirekt zu spüren waren. Wann immer deutsche auf französische Heere trafen, dann war die Champagne einer der ersten Kriegsschauplätze. Die Schlacht an der Marne war im September 1914 auch die erste große Schlacht, die den Vormarsch der Deutschen stoppte. Der Bewegungskrieg entwickelte sich zu einem Stellungskrieg, der nichts anderes war als ein »guerre d'usure«, ein Abnützungskrieg. Die Winzer der Region, unterstützt von Frauen, Kindern und älteren, nicht mehr wehrtauglichen Männern, bestellten trotzdem ihre Weinberge, so gut es ging. Nachdem viele Gebäude durch den Beschuss zerstört waren, verlegte sich das Leben der Menschen in die kilometerlangen unterirdischen höhlenartigen Weinkeller, die »crayères«. Dort fand in dieser Zeit nahezu das gesamte Leben statt. Es gab unterirdische Schulen für die Kinder, Musiker veranstalteten Konzerte, für Soldaten waren es Verbindungen von einem Schützengraben zum nächsten.

Die Deutschen hatten mit Mörsern, Kanonen und Giftgas weite Landstriche in Europa zerstört. Die Champagne als einer der ersten Schlachtenschauplätze hatte darunter besonders zu leiden. Als der Krieg 1918 zu Ende war, mussten die Vertreter der Deutschen am 18. November 1918 in einem Salonwagen im Wald von Compiègne, etwa 100 Kilometer westlich von Reims, den Waffenstillstand unterzeichnen. Für die Franzosen war Marshall Ferdinand Foch zugegen, für die Deutschen unterzeichnete der Politiker Matthias Erzberger, den rechtskonservative Kreise wegen dieser Kapitulation als »Erfüllungspolitiker« diffamierten. Drei Jahre später wurde er von Mitgliedern der rechtsradikalen Organisation Consul ermordet.

Die Deutschen und die Österreicher waren besiegt. Nach dem Krieg brach für die Champagnerproduzenten der deutsche Markt zusammen. In Russland war die Oktoberrevolution ausgebrochen, der letzte Zar Nikolaus II. hatte 1917 abgedankt, wurde mitsamt seiner Familie interniert und ein Jahr später ermordet. Für die Bolschewiki war der Champagner ein Getränk der dekadenten Bourgeoisie, für die Winzer der Champagne fiel ein gewaltiger Absatzmarkt weg. Man blieb auf unbezahlten Rechnungen sitzen und Roederer, der 80 Prozent seiner Produktion an Russland geliefert hatte, konnte für seinen extra-süßen Champagner keine anderen Abnehmer finden. Auch in Großbritannien brach der Absatz ein, Sparsamkeit war angesagt. Champagner galt als dekadent und als ein Zeichen von schlechtem Geschmack, man trank stattdessen Bier. Für Extravaganz hatte man nach dem Krieg in Europa einfach kein Geld.

In Frankreich verlor der Franc massiv an Wert. War ein englisches Pfund bis 1914 noch für 25 Francs einzutauschen, so waren es im Dezember 1919 bereits 41 Francs und im März 1927 sogar 124 Franc. Den Franzosen wurde klar, dass sich bei dieser Inflation Geldsparen nicht lohnte. Mit fortschreitendem Wertverlust stieg der Konsum an Champagner – Frankreich entwickelte sich nun zum Hauptmarkt des edlen Getränks. Das ist er bis heute geblieben.

DIE WILDEN ZWANZIGER BIS ZUM ZWEITEN WELTKRIEG

Pagner

TANZ AUF DEM VULKAN

Champagner

»Es gibt drei Dinge im Leben, die unerträglich sind:
kalter Kaffee, lauwarmer Champagner
und eine überreizte Frau.«

Orson Welles (1915 – 1985)

Josephine Baker war, kaum bekleidet mit einem Bananenröckchen, der Star der »Folies Bergères« in Paris. Die Filmindustrie bannte die ersten Klassiker auf Zelluloid, Fritz Langs »Dr. Mabuse« (1921/22), zusammen mit Friedrich Murnaus »Nosferatu – Eine Symphonie des Grauens« (1922) zählten zu den ersten Horrorfilmen. »Metropolis« (1927), ebenfalls von Fritz Lang, gilt als Klassiker im Genre Science-Fiction; die Stummfilmkomiker Buster Keaton und Charlie Chaplin standen am Anfang ihrer Karrieren. Die Maler Otto Dix und Max Beckmann verarbeiteten die schlimmen Fronterfahrungen des Ersten Weltkriegs in ihren Bildern. »Les années folles« in Paris, die verrückten Jahre brachten Chanel No 5, kurze Haare und kürzere Röcke bei den Frauen. Schriftsteller und Künstler bewohnten den Montparnasse, eine Bohème, die sich in Abkehr von der bürgerlichen Gesellschaft in Kunst, Musik und Literatur zu verwirklichen suchte.

Wieder war Champagner das Getränk des Zeitgeistes. Ob in New Orleans oder Paris – in den Clubs und Bordellen war er das Getränk der Wahl. Im »Sphinx«, einem Bordell in Paris, soll der Hauptumsatz mit Champagner gemacht worden sein – manche Damen konnten sogar auf weitere Dienstleistungen ganz verzichten...

Doch der fröhliche Tanz war wieder ein Tanz auf dem Vulkan. Deutschland war belastet durch die hohen Reparationszahlungen infolge des Ersten Weltkriegs. Zwischen 1919 und 1923 kam es in Deutschland zu einer Hyperinflation, durch die alles jemals Ersparte völlig wertlos wurde. Am 15. November 1923 wurden eine Billion Mark in eine Rentenmark umgetauscht. Einige Jahre später, im Oktober 1929, stürzte der »Schwarze Freitag«, der New Yorker Börsencrash, die Welt in eine Krise. Die internationalen Finanzmärkte brachen zusammen. Massenarbeitslosigkeit war die Folge – die ausgelassenen Champagnerfeste waren erst einmal Vergangenheit. Die Krisen bereiteten den Boden für totalitäre Regierungen.

DIE PROHIBITION IN AMERIKA

Nach dem Ersten Weltkrieg brachen nahezu alle europäischen Märkte für den Champagner-Export weg. Und was war mit dem amerikanischen Markt? Ausgerechnet dort verabschiedete der Kongress nun auf Druck einer Enthaltsamkeitsbewegung, die von pietistischen Protestanten geführt wurde, am 28. Oktober 1919 den »Volstead Act«. Das Gesetz – gegen den Widerstand von Präsident Wilson – trat 1920 in Kraft. Damit waren der Verkauf und die Produktion alkoholischer Getränke in den USA verboten. Ein Schock für die Champagnerproduzenten – doch der Schock währte nicht lange, das gut gemeinte »noble Experiment« sollte scheitern. Getrunken wurde ja trotzdem – und nicht zu knapp. Nur erwischen lassen durfte man sich nicht. Wer die Alkoholika besorgte und damit handelte, konnte sehr schnell sehr reich werden. Wer Alkohol trinken und oft gleichzeitig an verbotenen Glücksspielen teilnehmen wollte, der ging heimlich in ein »speakeasy«, eine versteckte Hintertürkneipe. Diese Institution war sehr verbreitet und es ist anzunehmen, dass damals auch offizielle Stellen heimlich mitgemischt und mitverdient haben. Andererseits war es für die Kontrollbehörden sowieso unmöglich, alle Grenzen, alle Flüsse, Seen oder Küsten rund um die Uhr zu überwachen.

Das neue Geschäft hieß Schmuggel, ein weites Betätigungsfeld für die Halb- und Unterwelt. Dieses schillernde Milieu, in der die Mafia und Gangster wie Al Capone herrschten, lieferte später den Stoff für zahlreiche Hollywood-Filme. Auf Schleichwegen eingeschmuggelt, wurde damals mehr Champagner in die USA verkauft als je zuvor. Die Margen waren gut, denn Steuern oder Zölle fielen ja keine an. Das Schmuggelgut wurde über Kanada (dort gab es keine Prohibition), die Bahamas oder Mexiko eingeschleust. Die kleine Inselgruppe St.-Pierre und Miquelon, die zu Frankreich gehören, erlebten plötzlich einen unerwarteten Aufschwung. Die östlich, nur 25 Kilometer von der kanadischen Küste entfernt gelegenen Inseln waren der ideale Umschlagplatz für die schäumende Ware.

Wieder tat sich einer der Heidsiecks besonders hervor. Jean-Charles Heidsieck, der Enkel von »Champagner-Charlie«, knüpfte persönlich entsprechende Kontakte mit der Halbwelt – in diesem Zweig der Familie hat es wohl tatsächlich ein Abenteurer-Gen gegeben. Seinen größten Coup landete er in Mexiko, wo Schmuggler bei ihm 20.000 Kisten Champagner bestellten. Heidsieck hatte auch mit Samuel Bronfman zu tun, der von Kanada aus den amerikanischen Markt während der Prohibition mit Alkoholika versorgte. Zu Bronfmans Geschäftspartnern gehörten unter anderem Al Capone in Chicago, der gewaltige Mengen Alkoholika unter die Leute brachte. Bronfman, während der Prohibition reich geworden, gründete später Seagram, den weltgrößten Spirituosenhersteller.

Bei den Schmuggelaktionen musste auch immer wieder die ein oder andere Charge schnell ins Wasser geworfen werden, um sie so vor der Küstenwache zu verbergen. Meist holte man sich die gut verpackten Kisten wieder aus dem Wasser, wenn die Luft rein war. Aber die ein oder andere Kiste wurde dabei übersehen und viele Jahre später zufällig wieder entdeckt. So stieß 1959 vor Cape Cod ein junges Paar beim Muscheltauchen auf Champagnerflaschen, die kein Etikett mehr hatten. Über den Korkenstempel konnten sie als »Charles Heidsieck. Extra Dry, 1920« identifiziert werden. Überraschenderweise war der Champagner auch nach diesen vielen Jahren noch einigermaßen genießbar.

1933 wurde das Prohibitionsgesetz unter Franklin D. Roosevelt wieder aufgehoben, der gutgemeinte Versuch, die Amerikaner zu Abstinenzlern zu erziehen, war gescheitert. Doch nun war in Deutschland Hitler an die Macht gekommen …

WIE SCHMECKT 170 JAHRE ALTER CHAMPAGNER?

Vor Åland, einem Archipel zwischen Finnland und Schweden, hatte ein Team von Hobbytauchern im Sommer 2010 im Wrack eines Zweimasters 168 unversehrte Champagnerflaschen gefunden. Einige stammten aus dem Champagnerhaus Juglar, einem Label, das es ab 1830 nicht mehr gab. Folglich mussten die Flaschen älter sein. Die Ostsee entpuppte sich in dieser Tiefe als idealer Weinkeller: 4,5° C und totale Finsternis – und genug Druck, sodass die Korken sich nicht lösten. Einige der Flaschen stammten eindeutig aus dem Hause Veuve Clicquot, denn auf dem Boden war der Name »Werlé« eingraviert. Die Experten schätzten, dass der Zweimaster auf dem Seeweg zu Zar Alexander II. in St. Petersburg war, bevor er sank. Und wie schmeckte der Inhalt der ältesten Flaschen der Welt? Nach getrockneten Früchten und Tabak und nach einer starken, aber harmonischen Säure. Champagner-Spezialist Richard Juhlin berichtete nach der exklusiven Verkostung: »Es gab alles, vom Meerwasser zu großem Wein. Mit einem Aroma von Kuhkäse – Brie oder Vacherin – gepaart mit einer likörähnlichen Süße.« Auf einer Versteigerung erzielten zwei Flaschen aus dem Fund 54.000 Euro.

DAS DRITTE REICH UND DER ZWEITE WELTKRIEG

Hitler war 1933 im März an die Macht gekommen. Kurz darauf, am 24. März trat das Ermächtigungsgesetz in Kraft, mit dem sich das Parlament selbst entmachtet hatte – »Gebt mir vier Jahre Zeit...«. Der Umbau des Staates im Sinne des Nationalsozialismus begann sofort auf allen Ebenen. Die Parteien und Gewerkschaften wurden verboten, Erziehung, Wissenschaft und Kultur gleichgeschaltet, die Juden und andere Minderheiten systematisch diskriminiert und schließlich vernichtet. Wer sich die Veränderungen der europäischen Landkarte zwischen 1938 und 1940 vergegenwärtigt, muss sich wundern, was sich Hitler scheinbar mühelos einverleiben konnte. Tschechien war von der Landkarte verschwunden, Österreich angeschlossen, Dänemark, Holland, Belgien, Luxemburg, Norwegen waren besetzt, Polen überfallen und in einem geheimen Deal mit der Sowjetunion ein viertes Mal geteilt. Außer Protestnoten aus Frankreich und Großbritannien keine wirkliche Gegenwehr. Immer wieder gelang es Hitler durch rhetorisch brillante »Friedensreden«, die sich erst später als propagandistische Lügen herausstellten, die internationale Politik und die Medien zu beschwichtigen. Für Frankreich, im Militärjargon der Nationalsozialisten »Fall Rot«, bestanden die Pläne schon seit langem. Am 10. Mai 1940 marschierten Truppen wieder in die Champagne ein. Politik lebt auch von Symbolen. So unterzeichneten am 22. Juni 1940 in Compiègne in demselben Salonwagen, in dem 1918 die Deutschen ihre Kapitulation unterzeichnet hatten, die Franzosen, vertreten durch Charles Huntziger, ihre Kapitulation. Der Salonwagen wurde eigens dafür aus einem Museum geholt (und anschließend als Kriegsbeute nach Deutschland transportiert).

Im Ersten Weltkrieg hatten die deutschen Truppen mehr als vier Jahre lang nicht vermocht, Paris zu erreichen – im Zweiten Weltkrieg genügten vier Wochen. Die Wehrmacht marschierte am 14. Juni 1940 in die »Stadt des Lichts« ein. Die Pariser – so erstaunlich das klingt – arrangierten sich in den ersten Monaten recht gut mit der Besatzung durch die deutschen Soldaten. Diese hatten einen regelrechten Verhaltenskodex mit nach Paris bekommen. Sie bezahlten ihre Einkäufe, waren angehalten, höflich zu sein und von ihren Waffen möglichst keinen Gebrauch zu machen. Paris schien wie ein großer Erlebnispark für den Fronturlaub tapferer deutscher Kämpfer.

Was kaum jemandem bewusst war: Die führenden Köpfe der Nazis waren Weinkenner. Außenminister Joachim von Ribbentrop war vor seinem politischen Aufstieg der Deutschland-Repräsentant der Champagner-Häuser Mumm und Pommery. Ein Liebhaber großer Champagner, der ein Vermögen mit Schaumwein verdient hatte, vor allem weil er Anneliese Henkell, Tochter des deutschen Schaumwein-Unternehmers Henkell, geheiratete hatte.

Reichsmarschall Göring liebte teure Bordeaux, vor allem Lafite-Rothschild, einen der absoluten Top-Weine der Welt (auch im Preis) – dessen aufgeblasenen militärischen Titel gab es im Übrigen eigentlich nicht, er wurde eigens für ihn eingeführt.

Göring wetteiferte gerne mit Propagandaminister Goebbels, einem Liebhaber von Weinen aus dem Burgund, wer mehr Ahnung habe von gutem Wein.

Sowohl Göring als auch Goebbels besaßen stattliche Weinkeller. Architekt Albert Speer erzählte einmal, er habe Göring gelöst und menschlich nur in den wenigen Momenten erlebt, wenn er spätabends eine Flasche Lafite-Rothschild entkorken konnte. Es kann deshalb kaum verwundern, dass sie einen kenntnisreichen Profi auswählten, um die Weinreserven Frankreichs zu plündern: Otto Klaebisch, der Schwager Ribbentrops, wurde zum Generalbeauftragten für Weine aus Frankreich bestimmt.

In der Champagne war Klaebisch verantwortlich dafür, dass Champagner nach Deutschland geliefert wurde. Als die Champagnerhersteller hörten, wer für sie vorgesehen war, waren sie im ersten Moment erleichtert. Klaebisch war in Frankreich aufgewachsen und besaß in Deutschland einen Weinimporthandel. Außerdem vertrat er die Champagnermarke Lanson. Er verstand sich also auf das Wein- und Champagnergeschäft.

Doch eine Sonderbehandlung hatten sie deshalb nicht zu erwarten. Kaum angekommen, diktierte Klaebisch der Kommission der Champagnerproduzenten die neuen Regeln. An das Deutsche Reich sollten wöchentlich 350.000 Flaschen Champagner mit dem Etikett »Reserviert für die Wehrmacht« geliefert werden. Er behielt sich außerdem den ersten Zugriff auf jede Produktion vor. Was übrig blieb, konnte an französische Kunden geliefert werden. Die Ernte war 1940 sehr schlecht ausgefallen, die Kommission versuchte sich zu wehren. Der Champagner werde ja bezahlt, gab Klaebisch zu verstehen. Doch da das Deutsche Reich den Wechselkurs zwischen Reichsmark und

Franc um den Faktor Fünf heraufgesetzt hatte, konnte er für sehr wenig Geld soviel Champagner kaufen, wie er wollte. Es war nichts anderes als »legale Plünderei«, wie einer der Produzenten es ausdrückte.

Jetzt erwies es sich zudem als Nachteil, dass Klaebisch sich auskannte. Sabotageversuche, indem sie schlechten Wein oder schlechte Korken verwendeten, flogen auf. Klaebisch machte Stichproben und ihm entgingen als Kenner solche Manipulationen nicht. Die Verantwortlichen wurden dann ins Gefängnis geworfen.

Das von den Nationalsozialisten installierte Vichy-Régime unter Philippe Pétain hatte sich mit den Eroberern arrangiert. Doch im Untergrund formierte sich die Résistance. Auch in der Champagne hatte sie viele Helfer. Die Champagner-Häuser verfügten über sehr spezielle Informationen, die sie mit dem britischen Geheimdienst teilten: Große Bestellungen an bestimmte Orte konnten darauf hinweisen, wo die Deutschen ihre nächsten Offensive planten. 1940 ging beispielsweise eine größere Lieferung nach Rumänien, ein paar Tage später eroberten die Deutschen das Land. Als im folgenden Jahr eine größere Lieferung besonders gut verkorkt und verpackt in ein »sehr heißes Land« verschickt werden sollte, stellte sich heraus, dass Ägypten das Ziel war. Dort bereitete sich Feldmarschall Erwin Rommel auf den Nordafrikafeldzug vor.

Die Nazis bezichtigten Moët & Chandon, mit der Résistance zusammenzuarbeiten. Robert-Jean de Vogüé leitete das Haus und wurde von den Nazis als Sündenbock einige Tage ins Gefängnis gesteckt. Das, obwohl die Champagner-Häuser ihn im April 1943 zu ihrem Vertreter und exklusivem Verhandlungsführer

gegenüber den deutschen Besatzern gemacht hatten.
Im Gefängnis machte er einen fatalen Fehler: Er vertraute seine Résistance-Aktivität einem Mithäftling an, nicht wissend, dass in der Zelle Mikrofone versteckt waren. Die Deutschen wollten einen exemplarischen, öffentlichen Prozess im Februar und März 1944 in Reims. Vogüé war wieder auf freiem Fuß, doch eines Tages wurde er zusammen mit einigen seiner Mitarbeiter von der Gestapo verhaftet. Er wurde zum Tode verurteilt. Angesichts des Aufruhrs, das dieses Urteil in der Champagne verursachte – die Weinbauern und Champagnerproduzenten drohten mit Streik – wurde die Todesstrafe ausgesetzt. Dafür musste er ins Arbeitslager Ziegenhain. Sterben sollte er nach dem Willen der Nazis trotzdem. Er war ein Gefangener unter den Buchstaben NN (»Nacht und Nebel«), was soviel bedeutete wie: Lasst ihn sich zu Tode arbeiten und dann in ein anonymes Grab werfen.

Bald erlitt er Wundbrand am kleinen Finger. Eine medizinische Versorgung wurde aber abgelehnt. Er wusste, dass Wundbrand lebensgefährlich war, deshalb schnitt er sich selbst den kleinen Finger mit einer Scherbe ab. Am Tag der Befreiung im Sommer 1944 torkelte er auf einer Straße, bis er zusammenbrach. Ein englischer Soldat fand ihn und benachrichtigte die Familie. Zu Hause freute man sich, ihn wiederzusehen, war aber entsetzt über den Gesundheitszustand des Heimkehrers. Es dauerte lange, bis sich der ehemals so dynamische und elegante Mann wieder erholt hatte. Er übernahm jedoch wieder das Ruder bei Moët & Chandon. Unter seiner Leitung übernahm das Haus 1962 den Konkurrenten Ruinart und 1970 das Champagnerhaus Mercier, von dem im Zusammenhang mit den Weltausstellungen bereits die Rede war. Ab 1973 engagierte er sich auch in Kalifornien.

Nachdem sich die Franzosen 1940 mehr oder weniger kampflos den deutschen Nazi-Truppen ergeben hatten, wurden sie 1944 von Briten und Amerikanern befreit. Schließlich fuhren die Panzer der Franzosen bei Hitlers Adlernest, nahe Berchtesgaden, vor. Dort fanden die Soldaten tausende Flaschen, die Schätzungen gehen von etwa 500.000 Top-Weinen aus. Es waren vor allem Bordeaux, Bourgogne und Champagner.

Wie der Zweite Weltkrieg ein Jahr später ausging, welche Verwüstungen und Opfer zu beklagen waren, ist bekannt. Die Ironie der Geschichte platziert die Champagne erneut ins Zentrum des Geschehens, als am 7. Mai 1945 der deutsche Generaloberst Alfred Jodl in Reims, der Hauptstadt des Départements Marne, die bedingungslose Kapitulation aller deutschen Truppen unterzeichnete. Der Salonwagen von 1918 und 1940 konnte hier nicht zum Einsatz kommen – der befand sich in Thüringen.

Champagner

EINE KRIEGSWÄHRUNG

Champagner

EIN TOTER MÖNCH ALS RETTER

DER MÖNCH ALS RETTER

»Beim Bordeaux bedenkt man,
beim Burgunder bespricht man,
beim Champagner begeht man Torheiten!«
Anthèlme Brillat-Savarin (1755-1826)

An dieser Stelle müssen wir ein paar Jahre zurückblättern, in die Zeit vor Ausbruch des Zweiten Weltkriegs. Rekordernten, so sehr man sie sich wünschen mag, können auch Nachteile haben. 1934 war dies in der Champagne der Fall. Die Keller waren übervoll, fast 150 Millionen Flaschen verstopften die Lager, man konnte aber nur viereinhalb Millionen exportieren. Es kam zu Dumping-Aktionen, Champagner wurde unter anderen Namen zu Schleuderpreisen verkauft. Andere Hersteller gingen wieder zu stillen Weinen über. Der Preisverfall traf die Landarbeiter besonders hart. Ein Wunder musste her.

Und da holte man Dom Pérignon aus der Versenkung. Der Mönch aus Hautvillers wurde zum Retter der Region. Einige Unternehmer aus der Champagne beschlossen, die Geschichte neu zu schreiben. Bei einem Event, so würde man es heute nennen, wurde der 250.Jahrestag der Erfindung des Champagners durch den Benediktinermönch gefeiert. Das Datum war willkürlich gewählt. Ein solcher Versuch hatte unmittelbar vor dem Ersten Weltkrieg bereits stattgefunden, zu dem angeblich 200. Jahrestag druckten Zeitungen das Bild eines Mönches, der ein Glas Champagner in der Hand hielt und ausrief: »Ich habe die Sterne gekostet!« Mit Ausbruch des Ersten Weltkriegs verlief diese Aktion im Sande – 1934 erinnerte sich niemand mehr daran.

Der neue Event wurde als dreitägiges Fest in der Abtei Hautvillers veranstaltet. Wissenschaftler hielten Vorträge, Regierungsmitglieder Reden und alle feierten und stilisierten dabei den Benediktiner Mönch als »Vater des Champagners«. Welche Verdienste Dom Pérignon wirklich hatte, war nicht Thema dieser Veranstaltung – wir sind ausführlich darauf eingegangen. Der Event erreichte seinen Zweck – perfektes Marketing würden wir es heute nennen. Die Champagnerverkäufe stiegen. Dom Pérignons Name war plötzlich in aller Munde, es wurden Straßen nach ihm benannt, es gab weitere Veranstaltungen und wissenschaftliche Symposien.

Der Benediktinermönch Dom Pérignon ist posthum zu einem PR-Magneten geworden. Und mit ihm sein 17. Jahrhundert: Bei einer Prominenten-Party in New York wurden Dom-Fans wie Julianne Moore oder Donna Karan in eine »Glamour-Damenumkleide aus dem 17. Jahrhundert« gebeten.

Erst die seriöse historische Forschung beginnend in den 1950er-Jahren konnte aufdecken, welche Rolle Dom Pérignon wirklich gespielt hatte. Ihn als den »Erfinder des Champagners« zu bezeichnen, erwies sich als Legende, die jedoch teilweise bis heute hartnäckig weiter kolportiert wird. Die Rechte am Namen »Dom Pérignon« gehören dem Champagnerhaus Moët & Chandon, dessen Spitzenmarke seither unter dieser Bezeichnung vertrieben wird. Und soviel ist sicher: Der Champagner, der heute unter dem Namen des Mönchs vertrieben wird, gehört zu den besten Schaumweinen der Welt.

DER STAR UNTER DEN CHAMPAGNER-MACHERN

Das traditionsbewusste Label »Dom Pérignon«, das zu Moët & Chandon gehört, hat einen internationalen Star des guten Champagner-Geschmacks auf seiner Gehaltsliste: Richard Geoffroy. Der studierte Arzt hatte sich erst nach seinem Medizinstudium der Önologie zugewandt. Geoffroy ist ein Perfektionist. Die Marke war bereits hervorragend eingeführt, als er 1990 bei Dom Pérignon den Stab übernahm.

Und doch krempelte er alles um. Er räumte mit dem Irrglauben auf, wonach Champagner nicht gut altere. Eine 1976er-Flasche Dom Pérignon – also schon vor Jahrzehnten entheft – wurde mit einer frisch entheften Flasche desselben Jahrgangs verglichen. Bei beiden waren die typische Pérignon-Note und der Jahrgangscharakter zu erkennen, dennoch unterschieden sie sich deutlich. Der Inhalt der erst nach Jahrzehnten entheften Flasche war deutlich reicher und komplexer im Geschmack. Eine neue Produktlinie war kreiert, der »Dom Pérignon Œnothèque«, der stets einige Jahre länger auf der Hefe reifte.

Für die PR-Arbeit scheut das Haus keine Kosten. Am liebsten kommuniziert man mit erlesener Kunst. Die Künstler Jeff Koons, Marc Newson, Karl Lagerfeld oder David Lynch haben die berühmte Champagnerflasche je auf ihre Art inszeniert.

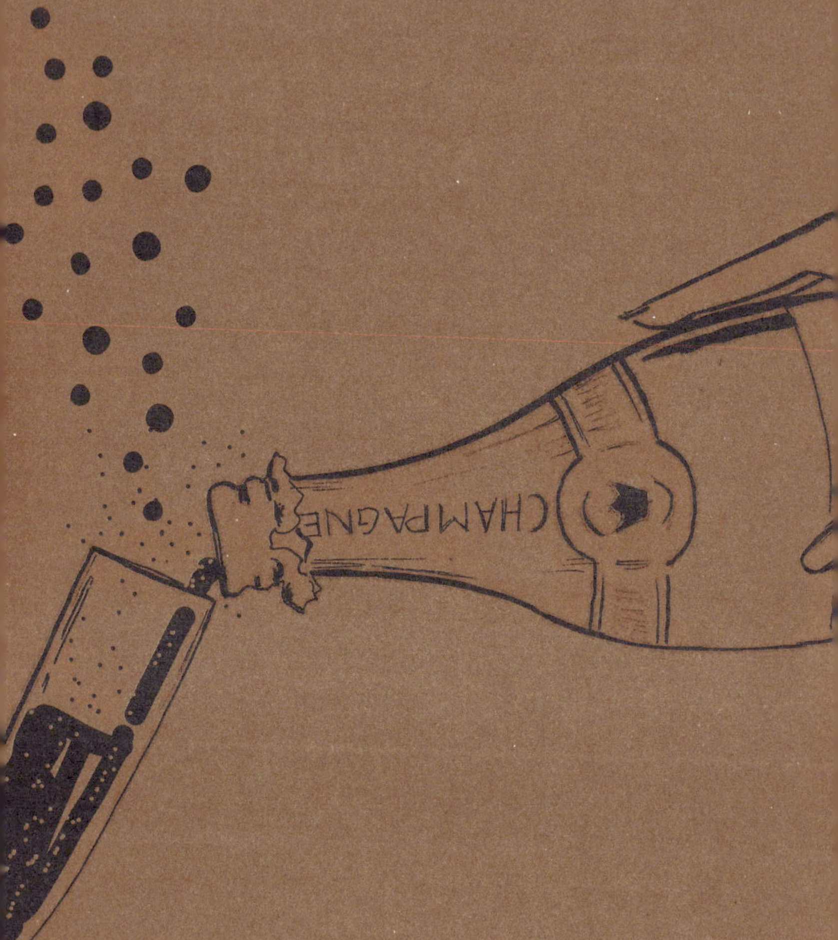
CHAMPAGNE

VON DER TRAUBE ZUM EDLEN SCHAUMWEIN

DREI TRAUBENSORTEN MACHEN DEN WEIN

Champagner

»Egal wie schlecht die Dinge für mich laufen,
ich werde immer jemanden finden,
der mir einen Champagner spendiert.«
June (1902–1979) | die Frau von Henry Miller

Frankreich ist ein Land des Weines. Die Champagne liegt etwa 150 Kilometer nordöstlich von Paris und hat mit ihren etwa 34.000 Hektar allerdings nur einen Anteil von etwa 3 Prozent an der gesamten Rebfläche Frankreichs. Hauptanbaugebiet ist das Départment Marne; weitere Gebiete sind Aube, Aisne, Haut-Marne und Sein-et-Marne.

Nur drei Traubensorten sind für den Champagner zugelassen – die deutschen Bezeichnungen, falls vorhanden, und den Prozentanteil an der Anbaufläche in Klammer: die beiden roten Sorten Pinot noir (Spätburgunder, 39 Prozent) und Pinot meunier (Schwarzriesling oder Müllerrebe, 33 Prozent) sowie die weiße Rebsorte Chardonnay (28 Prozent).

Für die Qualität eines Weines sind neben der Rebsorte auch das Klima und die Bodenbeschaffenheit ausschlaggebend. Die Champagne ist eines der nördlichsten Weinbaugebiete Frankreichs. Das Klima ist gemäßigt warm mit einer Jahresdurchschnittstemperatur von etwa 10° C und einer durchschnittlichen Niederschlagsmenge von 700 Millimetern pro Quadratmeter. Das Klima ist zugleich verhältnismäßig rau, die Weinreben sind meist in Hanglagen in Höhen zwischen 100 und 300 Metern angelegt bei einem durchschnittlichen Gefälle von 12 Prozent. Diese steile Lage sorgt dafür, dass einerseits die mittlere jährliche

Sonneneinstrahlung von 1700 Stunden optimal für die Reifung der Trauben genutzt wird, andererseits überschüssiges Wasser gut abfließt und die Rebstöcke nicht im Wasser stehen, was die Qualität der Trauben negativ beeinflussen würde.

Der Boden besteht aus Kalkgestein (Kreide, Mergel und Kalkstein), wobei die meisten Reben bevorzugt auf Kreide angebaut sind. Die Rebstöcke wurzeln bis zu 10 Meter tief, und da die poröse Kreide zwar für Entwässerung sorgt, aber zugleich ein guter Wasserspeicher ist, verfügen die Weinstöcke immer über ausreichend Wasser. Der Begriff »terroir« meint dabei im Fachjargon einerseits die Bodenbeschaffenheit, aber auch das Zusammenspiel von Boden und Klima. Der Boden ist damit verhältnismäßig »mager«, was die Ertragsmenge pro Hektar limitiert, aber dafür eine hohe Qualität garantiert. Per Gesetz dürfen pro Hektar nicht mehr als 50 Hektoliter Wein produziert werden. »Reiche« Böden können zwar mehr Ertrag bringen, aber es handelt sich dabei stets um Wein geringerer Qualität.

Die Römer und Gallier hatten die Kreide bereits abgebaut und als Baumaterial genutzt und dabei tiefe unterirdische Stollen hinterlassen. Diese künstlichen Höhlen wurden seit Mitte des 18. Jahrhunderts erweitert und als Weinkeller genutzt. Diese Kreidekeller (»crayères«) befinden sich in einer Tiefe von 10 bis 40 Metern, haben immer eine Temperatur zwischen 10° und 12° C und eine Luftfeuchtigkeit von 90 bis 100 Prozent, ohne dass es an den Wänden zu Kondensation kommt: die Kreide absorbiert Feuchtigkeit. Immerhin 200 Kilometer müsste man gehen, wollte man alle Höhlen abwandern.

Die Weinlese erfolgt im Herbst eines Jahres. Nach der sorgfältigen Lese und Qualitätskontrolle werden die Trauben gepresst.

Eine erste Pressung ergibt aus 4000 Kilogramm Trauben 20 Hektoliter besten Traubensaft. Bei den dunklen Traubensorten handelt es sich um eine »Weißpressung«, es wird also nur der Saft gewonnen ohne die in der Schale enthaltenen Farbpigmente. Zwei weitere Pressungen, die sogenannten »tailles« folgen. Dieser Begriff tauchte schon als Bezeichnung für die Abgaben unter Ludwig XIV. auf, das treffende Bild verweist hier auf die Stelle des Körpers, wo man den Gürtel anlegt, den man ja dort auch immer enger schnallen kann. Diese »tailles« liefern jeweils nur noch drei Hektoliter qualitativ schlechteren Mosts, der meist weiterverkauft wird.

Der Most wird dann nach Sorten getrennt in Fässern gelagert. Das können Eichenfässer sein, was bei einigen Marken (Bollinger, Krug) bis heute gepflegt wird und früher Standard war; heute sind es oft mit Glas ausgekleidete Stahlfässer. In den ersten Wochen kommt es darin zu einer ersten geschlossenen Gärung, der alkoholischen Gärung, während der spezielle Hefen den Zucker in Alkohol umwandeln; anschließend ist eventuell ein biologischer Säureabbau nötig – das Verfahren ist bis zu diesem Zeitpunkt nicht anders als bei Weißweinen.

Der nächste Schritt betrifft die »assemblage«, die Zusammenstellung der verschiedenen Grundweine, die im Frühjahr erfolgt. Champagner ist daher in der Regel ein »cuvée«, eine Mischung aus verschiedenen Rebsorten – der deutsche Ausdruck dafür ist Verschnitt; es gibt allerdings auch »blanc de blancs«-Varianten, die nur auf Chardonnay basieren. Die Assemblage betrifft die Anteile der drei genannten Rebsorten, sie wird als eine große Kunst angesehen und erfolgt unter strenger Geheimhaltung.

»Die Assemblage ist keine einfache Aneinanderreihung von Geschmacksrichtungen, das Ergebnis muss viel besser sein als die Summe der Bestandteile«, sagte Caroline Latrive, seit 2012 die Chefin des Champagnerhauses Ayala und eine der wenigen Frauen in dem erlauchten Kreis der Mixer. Vier Monate nach der Ernte macht sie sich dafür ans Werk. 85 Prozent der Weine der Region sind BSA (Brut ohne Jahresangabe) – die Visitenkarte und das ökonomische Gewissen der Häuser.

Bisweilen werden viele verschiedene Weine eingesetzt, ein Chardonnay oder ein Pinot kann in jeder Parzelle einen eigenen Charakter entwickeln. Zu unterscheiden sind hier Jahrgangschampagner, bei denen nur Trauben eines Jahrgangs verwendet werden dürfen, und Champagner ohne Jahrgang, bei denen auch gelagerter hochwertiger Traubenmost früherer Ernten zugemischt werden kann (was keineswegs bedeutet, dass diese Champagner schlechter wären).

Komponiert wird grundsätzlich mit noch stillen Weinen. Dabei gibt es Millionen Möglichkeiten – zum Glück. Jedes Jahr wandern die besten Weine ins Archiv, respektive zu den Vins de Garde, stille Weine, die in Jahren einmal die Eigenheit des Hauses ausdrücken können.

Bereits ein Prozent Veränderung kann die schöne Hausmarke entstellen. Deshalb wird die Klaviatur mit bis zu 50 Grundweinen gespielt. »Der Chardonnay ist der weibliche Touch«, sagt die Ayala-Komponistin, »er bringt die Frische und die Eleganz, während die Pinots die Fülle bringen. Aber die Komposition ist alles.«

»Wenn man Cuvées zusammenführt, muss man sich jahrelang in die Zukunft denken, weil sich der Wein entwickelt.« Er hat ein eigenes Leben, und mancher täuscht sich auch über die Zukunft. Was wenig bekannt ist: In der Champagne darf man auch kleine Mengen Rotwein aus der Region zugeben, wenn ein schwaches Jahr nur wenig Körper verspricht. Nur die besten Nasen bringen es fertig, sich in den vielen Grundweinen nicht zu verlieren.

Die Mischungsverhältnisse können von Jahr zu Jahr variieren – für die Kellermeister der jeweiligen Champagnerhäuser geht es dabei darum, den speziellen Charakter ihrer jeweiligen Marke fein zu justieren. Da Trauben ein Naturprodukt sind, werden die Nasen und Zungen der Fachleute immer wieder aufs Neue gefordert. Bei einem »Dom Pérignon« des 2000er-Jahrgangs aus dem Haus Moët & Chandon sind es nur zwei Rebsorten: 49 Prozent Pinot noir und 51 Prozent Chardonnay; der »Dom Pérignon« von 1999 weist ein Mischungsverhältnis von 52 Prozent Pinot noir und 48 Prozent Chardonnay auf. Der unter »Moët & Chandon« verkaufte 2000er Jahrgangschampagner besteht zu 26 Prozent aus Pinot noir, 23 Prozent Pinot meunier und 51 Prozent Chardonnay Der Jahrgang wird übrigens immer auf dem Korken vermerkt.

Da in der Champagne als nördliches Anbaugebiet die Trauben nur alle drei bis vier Jahre voll ausreifen können – der Klimawandel könnte hier Auswirkungen haben –, ist die Zumischung von Weinen vergangener besserer Jahrgänge üblich. Das ergibt dann die Champagner ohne Jahrgangsangaben.

Die fertigen Cuvées werden sodann unter Zugabe des »Liqueur de tirage«, einer Mischung aus Zuckerlösung und Hefe, in Flaschen gefüllt, die heute mit einem Kronenkorken verschlossen werden. Als Hefezusatz werden seit Ende des 19. Jahrhunderts sogenannte Reinzuchthefen verwendet. In der Flasche kommt es dann zur zweiten Gärung. Bei dieser sogenannten malolaktischen Gärung wird die scharfe Apfelsäure in die mildere Milchsäure umgewandelt und so ein harmonischeres und ausgewogeneres Geschmacksbild erzeugt. Außerdem erhöht sich der Alkoholgehalt noch um ein bis zwei Prozent. Die Spezialhefe bildet in diesem Prozess eine Art Biokatalysator. Die Flaschen müssen dabei einen Druck von bis zu acht Bar aushalten (früher hatte das oft zu dem gefürchteten Glasbruch – »la casse« – geführt). Nach zwei bis drei Monaten ist diese Gärung abgeschlossen, die Säure abgebaut. Danach muss der Wein noch mindestens 15 Monate auf der Hefe, die sich am Flaschenboden sammelt, gelagert werden; bei Jahrgangschampagner sind bis zu fünf Jahre üblich.

Die tote Hefe bildet am Ende ein Depot, das entfernt werden muss. Dafür werden die Flaschen mit dem Flaschenhals schräg in ein »pupitre«, ein Rüttelpult gesteckt, regelmäßig gedreht (meist um jeweils 45°) und nach und nach steiler gestellt, sodass sich die Hefereste im Flaschenhals sammeln. Diesen Vorgang, der etwa sechs Wochen dauert, nennt man »remuage«; eine Fachkraft, der »remueur«, ist dafür zuständig und er kann an einem Tag bis zu 40.000 Flaschen drehen. Auf manchen Flaschenböden sieht man eine Markierung, an der der Rüttler die Drehposition der Flasche erkennt. Seit den 1970er-Jahren übernimmt dieses Rütteln meist eine computer-gesteuerte Maschine, eine sogenannte Gyropalette. Die griechische Vorsilbe »Gyro(s)-« bedeutet »Kreisel, Runde«. Dieser Automat erlaubt es, mit einer Bewegung eine gesamte Palettenladung auf einmal zu rütteln und entsprechend steil zu stellen. Ob nun von Hand oder maschinell: Nach diesem Prozess ist der Champagner endlich so klar, wie wir ihn mögen.

Anschließend wird der Schaumwein »in spitzen Stößen« gelagert, das heißt in mehreren Lagen senkrecht übereinander, die oberen Flaschen mit dem Hals in den jeweiligen eingezogenen Boden der unteren Flaschen, sodass die Hefereste im Hals bleiben.

Dann muss das Hefedepot entfernt werden. Diesen Vorgang nennt man »Degorgieren«. Früher hat man das »à la volée« gemacht, die mit einem Korken verschlossene Flasche geöffnet, die Hefe schoss heraus, man hielt dem Daumen auf den Verschluss und verkorkte die Flasche rasch erneut. Das erforderte viel Geschicklichkeit. Seit dem Ende des 19. Jahrhunderts degorgiert man »à la glace« und verwendet einen Kronenkorken aus Metall. Der Flaschenhals wird dabei etwa 40 Sekunden lang in eine Gefrierlösung, eine Sole von -24°C getaucht (die Grad- und Zeitangaben sind in den Quellen unterschiedlich), sodass der Hefepfropf gefriert. Der Kronenkorken wird nun entfernt, der Hefepfropf schießt heraus und mit ihm etwas von dem Wein. Den kleinen Flüssigkeitsverlust kompensiert die Zugabe des »Liqueur d'expedition«, der Versandzugabe, die aus der eingesetzten Cuvée, altem Champagner sowie Zucker besteht – je nach gewünschtem Süßegrad des Champagners. Manchmal enthält diese Abstimmungslösung auch etwas Branntwein. Die Klassifikation »extra brut« entspricht 0 bis 6 Gramm Zucker pro Liter, »brut« 0 bis 12 Gramm, für »extra sec« sind 12 bis 17 Gramm, »sec« 17 bis 35 Gramm, »demi-sec« 32 bis 50 Gramm und »doux« mehr als 50 Gramm pro Liter zugelassen. Diese Angaben variieren etwas in den verschiedenen Quellen.

Danach wird die Flasche verkorkt, die Blechkappe, die Agraffe (der Drahtverschluss) und die Stanniolumhüllung werden hinzugefügt und die Flasche etikettiert. Das Ganze muss natürlich schnell erfolgen, damit noch genügend Kohlensäure und Druck in der Flasche verbleiben. Von den ursprünglich sechs Bar sollten noch etwa 3,5 übrig sein.

Der »bouchon«, der Korken, verdient noch ein paar Worte. Er ist zwischen 48 und 55 Millimeter lang und mit 32,5 Millimetern doppelt so dick wie der Flaschenhals. Die Pilzform ergibt sich daraus, dass er nur auf die Hälfte seiner Länge eingetrieben wird. Das unterscheidet Champagner von anderen Weinen. Heute ist der Korken aus mehreren Schichten zusammengesetzt; so ist oft nur der untere Teil, der mit dem Champagner in Berührung kommt, aus reinem Kork; der obere Teil aus Korkgranulat.

Bei Champagnern ohne Jahrgangsbezeichnung ist die Entwicklung im Prinzip nach dem Degorgieren abgeschlossen, doch sie werden meist noch 15 Monate (bisweilen bis zu drei Jahre) im Keller des Herstellers gelagert, bis sie auf den Markt kommen. Jahrgangschampagner wie zum Beispiel die zuvor erwähnten »Dom Pérignon Œnothèque« ruhen noch ein paar Jahre mehr auf der Hefe, ehe sie degorgiert werden. So erhalten sie eine noch höhere Komplexität – und einen noch höheren Preis. Bei Blanc-de-blanc-Champagner, der also nur aus der Chardonnay-Traube gekeltert wird, behaupten manche Kenner, dass er erst nach 10 Jahren seine vollen Aromen entfaltet.

DIE KLASSIFIKATION VON CHAMPAGNER

Die meisten Weinbauern der Champagne sind nicht selbst Champagner-Produzenten, sie verkaufen vielmehr ihre Ernten an die Champagnerhäuser. Die Trauben erreichen je nach Qualität unterschiedliche Preise. Der von den Winzern erzielte Preis bildete die Basis einer Skala zwischen 80% und 100% (die »échelle de crus«) – ein System, das noch auf die »Courtiers«, die Weinmakler des

17. und 18. Jahrhunderts zurückgeht. In der Champagne betrifft die Einteilung (anders als in Burgund) keine Weingüter oder Weinberge, sondern Weinbaugemeinden. Die Gemeinden, die 100% erzielten, dürfen die Bezeichnung »Grand Cru« führen. Zwischen 90% und 99% darf eine Gemeinde die Bezeichnung »Premier Cru« nutzen. Von den 324 Weinbaugemeinden der Champagne sind 17 als Grand Cru und 44 als Premier Cru eingestuft. Alle anderen Gebiete gehören in die Gruppe zwischen 80% und 89% (»terroir non classé«). Aus Weinbaugemeinden unter 80% dürfen keine Trauben zur Herstellung von Champagner verwendet werden. Stammt der zu Champagner verarbeitete Wein ausschließlich aus Grand-Cru- oder Premier-Cru-Gemeinden, so darf dies auf dem Etikett vermerkt werden.

MYTHEN UM GESUNDHEIT UND LANGES LEBEN

Hippokrates, der griechische Vater der Medizin, soll einmal gesagt haben: »Das erste Glas Wein ist für die Gesundheit, das zweite Glas ist für die Fröhlichkeit, das dritte für den guten Schlaf und jedes weitere Glas eine Gefahr.« Die Medizin fühlte sich auch im 17. Jahrhundert berufen, für den Wein eine Lanze zu brechen. Besonders heftig war die Auseinandersetzung zwischen Burgund und der Champagne. Damals handelte es sich wohlgemerkt noch um die stillen Weine. Die Rivalität hatte bereits lange Tradition und es ging um die Gunst des Hofes und der Höflinge. Die Mediziner lieferten nun die Argumente, welcher Wein der gesündere wäre. 1652 reichte ein Doktorand namens Daniel Arbinet an der medizinischen Fakultät in Paris eine Arbeit ein mit dem Titel »Donc le vin de Beaune est le plus suave à boire et le plus salubre« (»Weshalb der Wein aus Beaune der lieblichste und gesündeste ist«) und strich darin die gesundheitsförderlichen Qualitäten des Burgunderweins heraus. 1677 stellte ein anderer Doktorand namens Pierre Laurenceau dieselbe Behauptung für den Wein aus Reims heraus. Es wäre zu früh, dies schon als »querelle«, als Streit, zu bezeichnen. Möglicherweise hat der letztere vom ersten einfach abgeschrieben und nur den Wein ausgetauscht – von empirischer Forschung konnte noch keine Rede sein.

Gegen Ende des 17. Jahrhunderts wurde daraus jedoch eine regelrechte Fehde. Der Wein aus der Champagne erlebte eine Niederlage bei Hofe, als 1695 ausgerechnet Guy-Crescent Fagon, der Leibarzt Ludwigs XIV., dem Monarchen Burgunder verordnete. Der Wein aus der Champagne enthalte zuviel Weinstein und verstärke dadurch die »humeur mélancholique«, die »schwarze Galle«, die nach der Säftelehre für die schlechte Stimmung des Melancholikers verantwortlich sei. Eine andere Quelle nennt Burgunderwein mit dem Zusatz von Chinarinde: Diese Kombination sollte die Manneskraft des Königs stärken.

Die Angriffe wurden gezielter. In einer in Paris 1696 von Mathieu Fournier eingereichten Arbeit wird behauptet, dass der Wein aus der Champagne neben »les fluxions d'humeurs«, Entzündungen der Säfte, Gicht hervorrufe – ein sehr heftiger Vorwurf. Die Antwort der Champenois ließ nicht lange auf sich warten. Um zu beweisen, dass der Wein aus der Champagne der gesündere sei, ein langes Leben und unerschöpfliche Manneskraft garantiere, führte man als Zeugen einen rüstigen, angeblich 118jährigen Winzer aus Hautviller vor, der mit 110 geheiratet habe. Die Gegner würden das kaum übertrumpfen können, dachte man. Und so folgten Angriffe, Verteidigungen, Entgegnungen aufeinander und die Argumente im Schlagabtausch wurden immer abstruser. Um 1700 behauptete einer der Kontrahenten, dass der Wein aus Reims die beste Musik inspiriere – nur leider blieb der Autor den Namen des begnadeten Musikers schuldig. 1777 konnte man lesen, der Wein aus der Champagne würde Malaria heilen (»fièvres putrides« – Sumpffieber).

In diesem Streit blieben schließlich die Musen auch nicht stumm – auf beiden Seiten wurde wortgewaltig in Gedichten für die jeweiligen Weine geworben, Public Relations im Geiste des 17. Jahrhunderts. Der Streit wurde am Ende beigelegt. Man ließ beiden Weinbaugebieten ihre jeweiligen Meriten – ja der leidenschaftliche Streit sei geradezu ein Zeichen dafür gewesen, wie exzellent doch die jeweiligen Weine seien. Von einem wirklichen Ende dieser Rivalität und friedlicher Koexistenz konnte erst dann die Rede sein, als die Champagne sich auf die Produktion von Schaumweinen verlegte und damit keine Konkurrenz mehr für die stillen Weine aus dem Burgund darstellte.

Ob nun in dem Streit eine Partei Recht hatte, sei dahingestellt – aus heutiger Sicht waren es lediglich Polemiken ohne wissenschaftlichen Hintergrund. Doch der Streit selbst bewirkte, dass sich darin erstmals Kriterien herausbildeten, wie man über Wein redete. Ein Diskursschema war entstanden, ein Denk- und Argumentationsschema, zu dem die Medizin und die Literatur beigesteuert hatten, mit dem sich eine kultivierte Welt nun über Weine verständigen konnte. Es waren Begriffe, mit denen sich die »gens délicats«, die Vertreter der feinen Lebensart, abgrenzten vom gemeinen Volk und dabei zugleich den Anspruch erhoben, einem Verfall, einer Verwahrlosung (»la déchéance«) entgegenzuwirken. Das Feine gegen das Grobe gesetzt, das Unaufdringliche gegen das Laute, die zarte gegen die dick aufgetragene Farbe, die subtilen Aromen, die nur eine feine Nase zu schätzen weiß, gegen den starken aufdringlichen Geruch – das sind die Parameter dieses Diskurses.

Das Thema Wein und Gesundheit lässt uns auch heute nicht los, der Champagner ist davon nicht ausgenommen. Manches ist bis heute nicht mehr als willkommene Public Relation, manche Untersuchungen folgen jedoch wissenschaftlichen Kriterien und zeigen zumindest gewisse Korrelationen auf, die statistisch bedeutsam sein könnten. Weitere Forschung könnte hier für Klarheit sorgen.

Ob man sich mit Champagner gesundtrinken könnte? Für Francois Bonal, den engagierten und wenig wissenschaftlichen Hausschriftsteller der Vereinigung »Grandes Marques de Champagne«, steht das außer Frage. »Champagner hat den Vorteil, dass man ihn ohne größere Vorsicht zu jeder Tages- und Nachtstunde trinken kann.« Was er als uraltes natürliches Heilmittel beschreibt, helfe insbesondere bei: infektiösem Fieber, Kreislauf- und Atembeschwerden, Verdauungsproblemen, doch auch in der Gerontologie und bei Schwangeren sei das edle Prickelwasser wirksam. Diese Vorschläge gefallen natürlich den Marketingstrategen und man wird sich fragen, warum man Champagner nicht schon längst auf Rezept bekommen kann.

Wessen Brot ich esse, dessen Lied ich singe – der alte Spruch sollte uns vorsichtig machen. Viele Wissenschaftler sind der Ansicht, dass jeder Tropfen Alkohol schaden könne, die negativen Wirkungen des Alkohols würden alle positiven in den Schatten stellen. Egal in welcher Menge. Das hat der Alkohol allerdings mit vielen Genussmitteln gemeinsam. Hier sei an den eingangs zitierten Satz des Hippocrates verwiesen, der ein gesundes Maß vertritt. Die wenigsten werden Champagner zu ihrem Alltagsgetränk machen können oder wollen – er ist den besonderen Gelegenheiten vorbehalten.

Doch es gibt auch Forscher, die das Problem differenzierter sehen. Jeremy Spencer und sein Team von der britischen University of Reading veröffentlichten 2013 eine Untersuchung in der Zeitschrift »Antioxidants and Redox Signalling« eine unerwartete Erkenntnis: ein bis drei Gläser Champagner pro Woche könnten helfen, dem Gedächtnisverlust vorzubeugen, der im Alter zu Demenz und Alzheimer führen kann.

Zumindest bei Ratten funktioniert das. Die champagnerbeschwingten Versuchstiere des Forscherteams hatten tatsächlich das bessere Los gezogen als die neutrale Vergleichsgruppe. Professor Jeremy Spencer bemerkt dazu: »Diese spannenden Ergebnisse illustrieren erstmals, dass ein maßvoller Genuss von Champagner möglicherweise gewisse kognitive Funktionen wie beispielsweise das Gedächtnis beeinflussen kann.« Solche Wirkungen hatte man bisher immer den in Rotwein enthaltenen Flavonoiden zugeschrieben, die es im Champagner nicht gibt.

Die Wundersubstanzen im Schaumwein sind die mit den Flavonoiden verwandten Polyphenole. Das sind aromatische Verbindungen wie Tannine, Gerbstoffe, die in der Haut von Trauben zu finden sind. Champagner enthält mehr von diesen Substanzen als Weißwein, weil er aus den roten Trauben Pinot noir und Pinot meunier hergestellt wird. In der Rebe sind sie dazu da, den Organismus in Stresssituationen wie anhaltender Trockenheit zu schützen. Andere Pflanzen mit hohem Polyphenolgehalt sind beispielsweise Apfelbeeren (Aronia), die Schale und das Fruchtfleisch der Mangostanfrucht oder der Saft des Granatapfels.

Die Presse und mit ihr die Champagnerindustrie haben sich natürlich sofort auf diese Resultate gestürzt und das neue Wundermittel gepriesen. Doch die sensationshungrigen Medien berichteten hier vorschnell. Es handelte sich um Tierversuche in einem frühen Stadium und einer Analyse der staatlichen Gesundheitsbehörde Großbritanniens zufolge, die auf der Website NHS Choices veröffentlicht wurde, ist die Übertragung auf Menschen problematisch. Sie verweisen umgekehrt darauf, dass die gesundheitlichen Risiken von Alkoholkonsum allgemein bekannt sind: »Sorry guys, there's still no excuse to ramp up your intake of bubbly« war der lakonische Schlusssatz zum Thema auf der Website Science Alert (»Tut mir leid, Jungs, ihr habt leider noch immer keine Entschuldigung dafür, eure Zufuhr an Blubberwasser nach oben zu schrauben.«)

Die Annahme, dass das Gläschen in Ehren gesund sei, geht auf das sogenannte »French Paradoxon« zurück. Ende der 1970er-Jahre hatten Forscher in Frankreich entdeckt, dass die Einheimischen – obwohl sie sich kalorienreich ernährten und immer wieder zur Zigarette griffen – weniger Herzinfarkte erlitten als die Bewohner anderer Industrienationen.

Als Ursache identifizierten Wissenschaftler schließlich außer dem Olivenöl den Rotwein – täglich im Durchschnitt ein, zwei Gläser. Obwohl die Franzosen regelmäßig zum Essen Rotwein trinken, hatten sie tatsächlich eine überdurchschnittliche Lebenserwartung. Ein französischer Wissenschaftler machte dann die gefäßschützende Wirkung der Flavonoide in Rotwein als dafür verantwortlichen Faktor aus.

Auch Untersuchungen mit Tausenden Menschen lieferten bisher lediglich Hinweise (keine Beweise) auf die gesundheitsfördernde Wirkung des Weines. So erklärten Mediziner auf dem Europäischen Kardiologen-Kongress 2008 nach einer Übersichtsstudie mit mehr als 200.000 Teilnehmern, dass maßvoller Weinkonsum das Risiko für Herz-Kreislauf-Erkrankungen um 30 Prozent reduzieren kann. Die Statistiker sind hier trotzdem noch vorsichtiger als die Medien: Es sind keine ursächlichen Verknüpfungen, lediglich Korrelationen, die viele andere möglicherweise beteiligte Faktoren außer Acht lassen. Es bedarf hier einfach weiterer Untersuchungen. An der exklusiven Versuchsreihe mit Champagner waren bisher nur Nagetiere beteiligt – die Ausweitung auf Menschen könnte an ihre finanziellen Grenzen stoßen.

»Im Prinzip könnte die Champagner-Diät auch beim Menschen ansprechen«, sagt Wissenschaftler Jeremy Spencer von der Universität Reading, »wir wollen auch das noch erforschen. Hoffentlich können wir mehr Licht in die potenziell gesundheitsfördernde Wirkung bringen.«

Doch unabhängig davon gibt es einige wissenschaftliche Hinweise für die förderliche Wirkung des einen oder anderen Glases – auch wenn einige der Korrelationen noch genauerer Untersuchungen bedürfen:

- *Champagner ist sexfreundlich: Die enthemmende Wirkung von Alkohol ist bekannt. Bei den meisten alkoholischen Getränken dauert es jedoch einige Zeit, bis der Alkohol wirkt, und man bemerkt bisweilen zu spät, dass es bereits zuviel war. Für den Beischlaf rauben sie dann oft die Lendenkraft – das wusste schon Shakespeare, wenn er dem Pförtner im zweiten Akt seiner Kriminaltragödie »Macbeth« die berühmten Worte in den Mund legt: »Alcohol provokes the desire but takes away the performance.«*

(Macbeth II,iii, 28f.). Die Kohlensäure im Champagner bewirkt, dass der Alkohol schneller ins Blut gerät. Der Champagner löst bereits mit weniger Alkohol eine entsprechende Wirkung aus – der »performance« steht nichts mehr im Wege (außer die guten Sitten).

◆ *Champagner ist gut gegen schlechtes Cholesterin (LDL = Low Density Lipoproteine), sodass er vor Herz- Kreislauferkrankungen und Schlaganfällen schützt. Das Team um Jeremy Spencer, Universität Reading, hatte einen solchen Zusammenhang in einem 2009 erschienenen Fachartikel beschrieben.*

◆ *Champagner könnte das Gedächtnis schärfen. Wieder waren es Wissenschaftler der Universität Reading, die hier sogar die beste Menge errechneten, um diesen Effekt zu erreichen: drei Gläser pro Woche.*

◆ *Champagner wirkt als Stimmungsaufheller. Die aufputschende Wirkung basiert unter anderem auf den Inhaltsstoffen Magnesium, Kalium und Zink.*

◆ *Champagner macht nicht dick. Ein Gläschen enthält rund 80 Kalorien, während die gleiche Menge an Wein ungefähr auf 120 kommt.*

◆ *Champagner kann das Diabetes-Risiko (Typ II) senken. Eine kanadische Studie ergab, dass alle Weine – also auch Champagner–, bei moderatem Gebrauch das Altersdiabetesrisiko um 13 Prozent senken kann.*

◆ *Er hilft angeblich gegen Demenz. Laut Forschern aus Pittsburgh kann das Risiko quasi halbiert werden, wenn man ein bis zwei Gläser am Tag trinkt. Diese Mengenangabe passt nicht zu den Ergebnissen der Universität Reading, die von drei Gläsern pro Woche ausgeht (das Pittsburgh-Ergebnis dürfte den Champagnerproduzenten deutlich besser gefallen).*

Wie verlässlich diese Ergebnisse im Einzelnen wirklich sind, sei dahingestellt. Nur soviel ist sicher: Ein Glas Champagner zählt immer zu den ganz besonderen Genüssen, und diesen Genuss sollte man sich von niemandem verderben lassen.

DAS BEWEGTE LEBEN EINES CHAMPAGNER-BLÄSCHENS – WISSENSCHAFTLICHE ERKENNTNISSE

Champagnerflaschen sind dickwandiger als Weinflaschen, weil sie einem bis zu sechsfach höheren Druck als dem Umgebungsdruck standhalten müssen. Dieser Druck ist dem Druck vergleichbar, dem ein Taucher in 40 Metern Tiefe ausgesetzt ist. Der Überdruck sorgt dafür, dass das CO_2 (man spricht hier auch von Kohlensäure) im Wein gelöst bleibt. So enthält eine 0,7-Liter-Flasche Champagner etwa fünf Liter gelöstes CO_2 – Gas, das nach Öffnen der Flasche nach Außen drängt. »Man glaubte, wenn der Korken knallt, trete Kohlensäure aus. Das ist aber falsch. Der Schaum besteht aus Wasser und Alkohol«, erklärt Gérard Ligner-Belair. Was nun danach im Glas passiert, damit hat sich der an der Universität von Reims lehrende Physiker genauer beschäftigt – und dabei Überraschendes entdeckt.

Eine Champagnerflöte, das am häufigsten verwendete Glas, enthält 0,1 Liter Champagner, mithin also 0,7 Liter CO_2. Ligner-Belair hat nun ausgerechnet, dass bei einem durchschnittlichen Durchmesser von 0,5 Millimetern in dieser Flöte 11 Millionen Gasbläschen enthalten sind – mehr als New York Einwohner hat. Doch nicht das gesamte CO_2 entweicht in Bläschenform. Das Gas aus der übersättigten Flüssigkeit nimmt zwei Wege: zu 80 Prozent direkt über die Oberfläche, nur zu 20 Prozent über die Bildung von Bläschen. Bleiben also immerhin noch über zwei Millionen Bläschen pro Glas.

Ligner-Belair hat sich nun genauestens mit diesen Bläschen beschäftigt. Die Bildung von solchen Bläschen benötigt Energie und die ist zu Anfang recht hoch – der Physiker vergleicht dies mit dem Aufblasen eines Luftballons. Das geht am Anfang recht schwer, braucht viel Puste, ist der Ballon größer, ist deutlich weniger Kraft nötig. Die Bläschen können also nicht »aus dem Nichts« entstehen. Keimzellen der Bläschenbildung sind überraschenderweise Unreinheiten an der Glasoberfläche, winzige Zellulosefasern, die ebenso winzige Luftperlen eingeschlossen haben. Ohne diesen »Schmutz« gäbe es keine Bläschen, das gesamte CO_2 würde nur über die Oberfläche diffundieren. Das konnte im Experiment unter anderem bei Moët & Chandon bestätigt werden: In perfekt sauberen Gläser entwickeln sich keine Bläschen. Wer viele Bläschen möchte, sollte deshalb Champagnergläser weder mit Spülmittel traktieren, noch in der Spülmaschine reinigen. Also nur mit heißem Wasser reinigen.

Die Bläschen keimen erst einmal winzig klein, nur etwa 10 Mikrometer groß, und sie werden größer, während sie die etwa 10 Zentimeter lange Strecke nach oben steigen. Was passiert da? Auf dem Weg diffundiert kontinuierlich gelöstes CO_2 in die Bläschen, sodass sie am Ende etwa einen Millimeter Durchmesser erreichen – ein Volumenzuwachs um den Faktor 100!

Alter Champagner tendiert im Übrigen generell zu kleineren Bläschen als junger Champagner. Das hängt damit zusammen, dass der Korken den Wein nicht völlig hermetisch abschließt, sodass kleinere Mengen CO_2 im Laufe der Zeit entweichen. Darauf beruht die Einschätzung, dass kleinere Bläschen auf einen besseren Wein schließen lassen. Die Menge an CO_2 korreliert mit dem Zuckeranteil. Wenn die Kunden kleinere Bläschen wollten, dann konnte dies recht leicht erreicht werden.

Die Winzer haben die Forschungsergebnisse (und die Kundenwünsche) aufgegriffen. So haben die meisten Häuser in der Champagne den Zuckergehalt pro Liter, der traditionell bei 24 Gramm lag, auf bis zu 18 Gramm reduziert. Mit dem Zucker werde der Gehalt an CO_2 reduziert, und dies wiederum führe zu kleineren Bläschen. »Die meisten Leute bevorzugen einen besonders fein perlenden Schaumwein«, sagt der Physiker. Zu Recht? »Das hört man seit 20 Jahren«, amüsiert sich Ligner-Belair, »aber es stimmt nicht. Das Prinzip ist simpel. Wenn man die Menge des Zuckers für die Flaschengärung um ein Gramm reduziert, wissen wir exakt, dass die Blasen um 15 Prozent kleiner werden.« Das hat aber mit der Qualität des Champagners wenig zu tun.

Auf dem Weg nach oben passiert noch einiges mehr mit den Bläschen. An der Außenfläche lagern sich viele sogenannte »Surfactants« an, das ist ein englisches Kunstwort für »surface active agents«, zu Deutsch: grenzflächenaktive Substanzen. Diese organischen Verbindungen bestehen aus einem hydrophoben und einem hydrophilen Abschnitt, also einem wasserabweisenden und einen wasserliebendem Teil (Hydrophobie erkennt man im Alltag am deutlichsten an Fetten, die sich nicht mit dem Wasser mischen). Sie sind die Träger der feinen Aromen des Champagners. Diese Substanzen bilden nach und nach eine Art Schild um die Blase, wobei sich die wasserliebenden Teile nach Außen, die wasserabweisenden nach Innen ausrichten.

Diese so beladenen Bläschen werden etwas langsamer – das lässt sich messen –, doch dann erreichen sie die Oberfläche und zerplatzen. Die Mini-Tröpfchen könnten »bis zu zehn Zentimeter fliegen«, erläutert Ligner-Belair. Die Champagner-Bläschen sprechen Kohlensäure-Rezeptoren auf der Zunge des Genießers an, die umgehend positive Signale an das Gehirn leiten. Wenn sie in eine feine Nase katapultiert werden oder auf einer Zunge zerplatzen, dann entfalten sich dabei die mittransportierten organischen Substanzen. »Die Blasen transportieren die Aromen«, bestätigt der Physiker. »Das hat sich bei unserer Zusammenarbeit mit dem Labor für analytische Biochemie des Helmholtz Zentrums München erwiesen. Viele Moleküle sind in sehr geringer Konzentration präsent, deshalb benötigt man Detektoren mit hoher Leistung.« Auch ein praktisches Rätsel des Alltags löste er: »Die Champagner-Gläser der Frauen sind meist ruhiger als die perlenden Männer-Gläser.« Warum? Die Fette in Lippenstiften lassen die Bläschen schneller zerplatzen. Wenn Männer kurz zuvor fettige Pommes Frites gegessen haben, zeigt sich derselbe Effekt.

CHAMPAGNER SCHWERELOS

Es ist ein physikalisches Prinzip, das die Bläschen an die Oberfläche der Flüssigkeit treibt, das schon Archimedes kannte. Der Auftrieb hängt mit der unterschiedlichen Dichte der beteiligten Stoffe zusammen und damit letztendlich mit der Schwerkraft. »Was würde mit einer Flasche Champagner in der Schwerelosigkeit einer Weltraumstation passieren?«, fragte sich der Physiker Ligner-Belair. Da der Auftrieb wegfällt, können die an den Glasrändern entstehenden Bläschen nicht nach oben entweichen. Die Diffusion von gelöstem CO_2 in die Bläschen findet jedoch trotzdem statt, weshalb sie immer größer werden. Bis sie schließlich so groß sind, dass sie den Champagner aus der Flasche drängen. Champagner in der Schwerelosigkeit ist vermutlich kein besonderes Vergnügen.

Umgekehrt könnten wir uns fragen, wo wir (theoretisch zumindest) in unserem Sonnensystem die feinsten und kleinsten Bläschen erleben würden. Wir haben festgestellt: Die Bläschen werden bei ihrem Aufstieg stets größer. Je schneller sie jedoch zur Oberfläche streben, desto weniger Zeit bleibt ihnen zu wachsen und desto kleiner bleiben die Bläschen. Diese Auftriebsgeschwindigkeit korreliert direkt mit der Stärke der Schwerkraft. Auf der Erde ist die Beschleunigung 9,8 m/s^2, auf dem Jupiter, dem größten Planeten des Sonnensystems, ist die Schwerkraft hundertfach stärker – entsprechend würden wir hier in einer Champagner-Flöte die kleinsten und am schnellsten aufsteigenden Bläschen erleben (allerdings nicht überleben).

DAS RICHTIGE GLAS, DIE RICHTIGE TRINKTEMPERATUR, DIE RICHTIGE LAGERUNG

Was Kenner seit längerem wissen, wird durch diese Forschungen untermauert. Die klassische »flute« ist für den echten Champagnergenuss keineswegs optimal. Zwar reicht die Länge aus, um die Bläschen zu beschleunigen. Doch ist die Oberfläche des schmalen Glases zu eng, um eine ausreichende Menge dieser Bläschen mit ihren Aromastoffen in die feinen Nasen zu schleudern.

Die alten, breiten Cocktailgläser sind noch ungünstiger. Einerseits haben die Bläschen einen zu kurzen Weg zur Beschleunigung, andererseits ist die Oberfläche zu groß, sodass ein Großteil des CO_2 rasch diffundiert, ohne überhaupt Bläschen bilden zu können.

Manche Gläser haben zudem sogenannte Moussierpunkte. Das sind winzige, kreisförmig Vertiefungen am Boden des Glases, die mit Laser eingebrannt wurden. Sie sollen die Bläschenbildung fördern. Das tun sie tatsächlich, verändern damit auch den Bläschenfluss. Ligner-Belair hält sie deshalb für nur bedingt empfehlenswert. Die Bläschen bilden an diesen Stellen Bläschensäulen, die Durchmischung ist nicht mehr ganz so gut und damit die Aufnahme der Aromen. Außerdem entweichen die Bläschen dadurch schneller.

Kenner raten deshalb zu einer einfachen Lösung. »Das Weißwein-Glas ist vor allem für gereifte Champagner die beste Lösung, weil Flöten die Aromen pressen«, so Richard Geoffroy, der Dom-Pérignon-Chef, im Chor mit den meisten Spezialisten in der Champagne. Für ältere Champagner sollte die Oberfläche deshalb etwas größer sein.

Wer könnte besser geeignet sei, das optimale Champagner-Glas zu bestimmen, als Philippe Jamesse. Der Chefsommelier von »Les Crayères«, Zwei-Sterne-Restaurant in Reims, hat nach vielen Versuchen eine eigene Glas-Reihe herausgegeben. Er hatte die Idee einer neuen Form. Die Gläser wurden etwas verschlankt und verlängert und leicht modifiziert. Schließlich ähnelt dieses Glas verdächtig einem Weißwein-Glas.

Und was sagten die Restaurant-Gäste? »Anfangs war das für viele, die das nicht verstanden, ein Schock«, erinnert sich Jamesse. Doch heute ist das 45cl große, elegante Glas »Grande Champagne« akzeptiert.

Champagner wird kalt getrunken, die optimale Temperatur liegt bei 6° C bis 8° C. Champagner im Glas sollte deshalb auch nicht zu lange stehen, sondern zügig getrunken werden. Warmer Schaumwein verliert all seine Kohlensäure und ist auch geschmacklich fad.

Die idealen Lagerbedingungen der »crayéres« kann man privat kaum erreichen. Champagner sollte trotzdem möglichst kühl, liegend und dunkel gelagert sein. In den Kühlschrank – nie in das Eisfach! – kommt er erst einige Stunden vor dem Servieren.

DIE CHAMPAGNER-POLIZEI

Wer mit einem Produkt auf einem Markt reüssieren möchte, der betreibt Marktforschung. Ein völlig neues Produkt zu lancieren ist stets mit einem hohen Risiko verbunden. Da war es immer schon einfacher, man hängt sich an den Erfolg eines anderen, etablierten Produkts an, um einen Teil des bereits vorhandenen Kuchens zu ergattern. Das ist natürlich nur sinnvoll, wenn der »Kuchen«, also der Käuferkreis, schon groß genug ist. Viele der unter der Bezeichnung Champagner vereinten Marken haben sich über viele Jahrzehnte einen Namen gemacht. Große etablierte Marken wie Veuve Clicquot, Moët & Chandon, Ruinart, Roederer, Mumm sind deshalb von einer Art Aura umgeben, sodass bereits der Name bestimmte Assoziationen bei der Kundschaft hervorruft – davon lebt bis heute die gefälschte Prada-Tasche oder Breitling-Armbanduhr. Diese Aura machten und machen sich noch immer Markenpiraten auch im Fall der Champagners zunutze.

Dabei war die Markenpiraterie von Mitte des 19. bis zu Beginn des 20. Jahrhunderts noch nicht einmal illegal. So konnte ein Champagnerhersteller, der Léon Chandon hieß, seinen Schaumwein »Chandon« nennen, und so auf die Verwechslung mit der großen Marke gleichen Namens setzen. Der Familienname war ja unstrittig und niemand konnte dem Namensträger verbieten, auch seine Produkte damit zu schmücken. Man musste nur den Markenauftritt anpassen, das Etikett so gestalten, dass es zu der imitierten Leitmarke zum Verwechseln ähnlich war. Es gab auch noch einen anderen Hersteller mit dem Familiennamen Chandon, einen Eugène Chandon, der auf dieselbe Strategie setzte. Und wenn ein solcher Namensträger nicht gleich verfügbar war, dann besorgte man sich einen. Und so kamen der pensionierte Offizier Paul Ruinart, der Maurer Victor Clicquot oder der Kellner Théophile Roederer aus Straßburg zu der Ehre, ihren Namen für einen Champagner zur Verfügung zu stellen, der nur darauf angelegt war, mit der jeweiligen Leitmarke verwechselt zu werden. Louis Roederer, der echte, soll sich gewehrt haben – als einziger –, kam aber vor Gericht nicht damit durch. Robert Tomes zufolge bemerkten die meisten Kunden damals nicht einmal, dass sie eine billige Nachahmung im Glas hatten. Sie gaben sich als Weinkenner und schwärmten über den »unverwechselbaren Geschmack von echtem Roederer«.

Besonders regellos und lukrativ war damals der amerikanische Markt – ein Wilder Westen der Markenpiraterie. Schon in den 1850er-Jahren, als die europäischen Handelsvertreter – nicht zuletzt dank der werbewirksamen Auftritte von »Champagner-Charlie« – für Champagner einen großen Kundenkreis erschlossen hatten, versuchten sich amerikanische Weinproduzenten an diese Erfolge anzuhängen. Die im Staat New York beheimatete Great Western Wine Company, ein bereits eingeführtes und erfolgreiches Unternehmen, ging dabei besonders dreist vor. In der Nähe ihres Standortes gab es einen kleinen Ort namens Bath, den sie in Absprache mit der US-Postverwaltung in Rheims, New York umbenennen ließen. Außerdem durchkämmten Vertreter der Firma in 1880er-Jahren ganz Frankreich, um schließlich auf eine alte, verwitwete Frau zu stoßen, eine ehemalige Köchin, die den Nachnamen Pommery trug. Die Witwe ließ sich überreden und reiste mit den Amerikanern in die USA. Und so entstand das Haus Pommery mit Sitz in Rheims, New York. Die rechtliche Situation hat sich inzwischen verbessert, auch wenn die USA noch immer einen größeren Freiraum beanspruchen. Erst am 29. Juni 1936 sorgte ein Erlass der französischen Regierung dafür, dass die Herkunftsbezeichnung Champagne endlich geschützt wurde.

Nicht nur die einzelnen Luxuslabels, sondern auch die Dachmarke Champagner selbst hat eine Aura, die sich viele zunutze machen wollen. Champagner ist nicht nur der König aller Getränke, sondern auch eine immens wertvolle Marke. Wahrscheinlich ist sie heute eine der am besten geschützten Marken der Welt. Und das wird nicht dem Zufall überlassen. Damit kein Produkt der Welt mit den Schaumweinen der 34.000 Hektar Rebfläche verwechselt werden kann, sind sechs Juristen in der Champagne und Mitarbeiter in 130 Champagner-Büros weltweit rund um die Uhr auf der Jagd.

Mit detektivischer Kleinarbeit ermittelt das »Bureau de Champagne« gegen Fälscher und Namensdiebe. Dabei geht es keinesfalls nur um jene plump gefälschten chinesischen Flaschen, bei denen nicht einmal das Wort Champagner korrekt geschrieben wurde. Nein, es geht auch um Parfums, Kinderapfelsaft und alle Waren, auf denen der Schriftzug »Champagne« Platz findet. Heute nennt man so etwas Merchandising. Typische Beispiele sind Automarken und Fußballvereine, deren Erfolgslogo über eine Lizenzvereinbarung mit dem Markeneigner von Kugelschreibern bis T-Shirts alles Mögliche mit an der Aura der

Marke teilhaben lässt. Der Inhaber einer Marke wird im Übrigen immer prüfen, ob eine solche Nutzung der Marke selbst auch schaden könnte. Champagner und Champagne sind allerdings keine Logos. Es sind Dachmarken, die in allen Schreibvarianten geschützt sind.

So gingen die Juristen gegen das Modelabel Yves Saint Laurent vor, das 1990 die prickelnde Idee hatte, sein Parfum »Champagne« zu taufen. Nicht erlaubt! Das Modehaus verlor vor Gericht und taufte das Duftwasser um in »Yvresse« (angelehnt an »Rausch«).

Da kann schon eine kleine Anspielung zum Fall für den Richter werden. So wie bei einem österreichischen Winzer, der auf seiner Homepage von seinem Rosé-Sekt schwärmte: Die großen Rosé-Champagner hätten ihm als Inspiration gedient. Das war bereits zu viel: Binnen acht Tagen musste er eine Verzichtserklärung abgeben, wenn er nicht eine 5.000 Euro hohe Konventionalstrafe wolle.

Doch besonders stört die Champenois die missbräuchliche Verwendung des Begriffs für artfremde Produkte: Von Fußcremes, Shampoos, Zigarettenpapier, Autolacken usw. »Rufausbeutung« nennen sie das in der Champagne. Und die wird sehr weit ausgelegt. Geschützt hat das Bureau nicht nur den Namen «Champagne«, sondern auch »Schampus« und »Champ«, selbst als Firmenname.

Trotzdem ist die Rechtsprechung noch nicht klar bei Produkten, denen ein Minimalmaß an Champagner tatsächlich beigemischt wird und es so von der Aura profitiert. »Champagner-Trüffel« ist da noch ein positives Beispiel, obwohl man den Champagner wirklich nicht mehr schmeckt. Aber was macht man mit einem deutschen Konserven-Unternehmen, das behauptet, dass für eine Million Dosen »Champagnerkraut« rund 15.000 Champagnerkorken knallten? Rechnerisch ergibt das 0,011 Liter Champagner pro Dose Kraut ....

Irgendwann entschloss sich das Champagner-Bureau auch für den sanften Weg, eine Werbekampagne. »Kommt nicht der Alaska-Lachs aus Alaska? Also kommt der Champagner aus der Champagne.« Es geht um viel Geld. Wenn die Käufer der jährlich rund 320 Millionen Flaschen nicht mehr darauf zählen können, den Gipfel des exklusiven Luxus zu erwerben, schadet das angesichts der Preise doch sehr.

Ohnehin war (und ist) die Verteidigung des nationalen Lieblingsgetränks nicht mehr und nicht weniger als Staatsraison. Der interprofessionelle Dachverband der Champagner-Wirtschaft CIVC (Comité Interprofessionnel du Vin de Champagne) wurde nicht zufällig 1942, während der deutschen Besatzung, gegründet. Die Champenois fürchteten, dass die Besatzer den Wirtschaftsfaktor und die hohe Symbolkraft des Begriffs Champagner missbrauchen könnten. Genau das war den Deutschen nach dem Ersten Weltkrieg 1919 im Vertrag von Versailles verboten worden. Nun, im Zweiten Weltkrieg, fürchtete man während der Besatzungszeit die deutsche Rache.

Das Markenrecht und die Ursprungsbezeichnung wurden ausgerechnet in den befreundeten Vereinigten Staaten von Amerika nicht respektiert. Die Amerikaner anerkannten die in Europa geschützten Ursprungsbezeichnungen nicht als verbindlich. Alles, was schäumt, darf dort deshalb bis heute »Champagner« genannt werden.

Zumindest in Europa darf die Konkurrenz in Deutschland, Spanien und Italien nicht mehr »nach der Champagner-Methode« herstellen. Heute muss sie sich mit der Bezeichnung »méthode traditionelle« oder »méthode classique« begnügen – was aber herstellungstechnisch gesehen auf das Gleiche hinausläuft.

DER GRÖSSTE WEINFÄLSCHER ALLER ZEITEN

Der 1976 in Jakarta geborene Rudy Kurniawan kommt möglicherweise ins Guinness-Buch der Rekorde. Mit 24 war er ohne Weinkenntnisse nach Amerika gekommen. Seine einzige Empfehlung waren maßgeschneiderte Hermès-Anzüge und eine Uhr von Patek Philippe. Es war die Zeit, in der Neureiche mit Vorliebe zeitgenössische Kunst und rare Spitzenweine kauften. Kurniawan spezialisierte sich auf Wein, lernte schnell und gehörte bereits nach zwei Jahren zur Crème der Weinspezialisten.

Er nutzte seine Kenntnisse, um »Spitzenweine« nachzukomponieren. Man fand in seinem Fälscherlabor eine Anleitung, wie er aus mehreren jungen kalifornischen Weinen einen alten Bordeaux panschen konnte. Zu den teuersten Fake-Weinen seiner Karriere gehörte ein 1928er-Champagner von Salon, ein Spitzenchampagner.

Der Schwindel flog nur auf, weil er einen Fehler machte. Ein Freund fragte den Burgunder-Winzer Laurent Ponsot, wann seine Familie die ersten »Clos Saint-Denis« hergestellt habe. »Warum fragst Du?« antwortete der Winzer. »Weil in den USA bei einer Versteigerung Clos Saint-Denis von 1945 bis 1972 angeboten werden.« »Unmöglich«, sagte Ponsot, »den gibt es erst seit 1982.«

Lange hatten die Ermittler den Eindruck, als wollte die amerikanische Weinwelt die Wahrheit über den Fälscher gar nicht wissen.

Keiner der Spezialisten wollte zugeben, dass er auf einen Betrüger reingefallen war.

Ein amerikanisches Gericht verurteilte Rudy Kurniawan am 8. März 2012 zu 10 Jahren Gefängnis. Er hatte bis dahin gefälschten Wein im Wert von mehr als 20 Millionen Dollar verkauft.

EDEL-CUVÉES – WER BIETET MEHR?

Lust auf einen Dom Pérignon Charles & Diana 1961? Eine limitierte Auflage (aus Lady Dis Geburtsjahr) wurde zur Hochzeit des britischen Thronfolgerpaares produziert. Die Flasche kostet allerdings heute mehr als 4300 Dollar. Oder lieber einen verhältnismäßig unbekannten Boërl & Kroff Brut Rosé? Der kommt aus dem Hause Drappier, ein Champagnerproduzent, für den einst Charles de Gaulle schwärmte. Nur die besten der besten Trauben werden verwendet und nur Pinot meunier und Pinot noir. Die Flasche dürfte allerdings mehr als 2100 Dollar kosten.

Oder doch lieber den Krug Clos d'Ambonnay, aus einer einzelnen Lage und rein aus Pinot noir gekeltert? Das wusste vor allem die Mutter der britischen Königin zu schätzen, zumindest schmuggelte die 97-Jährige eine Kiste ins Krankenhaus, in dem sie behandelt wurde (umgerechnet 2700 Dollar die Einzelflasche).

Der stolze Preis speist sich aus dem minimalen Angebot. Aber es gibt eine Klientel, die genau diese Raritäten sucht, um sich von anderen zu unterscheiden: die Superreichen. Wirtschaftskrisen hin oder her: Noch nie gab es so viele Dollar-Milliardäre und -Millionäre auf der Welt wie heute.

Weltweit soll es 1826 Milliardäre geben – Stand 2015. Sie verfügen über ein Vermögen von insgesamt fast vier Billionen Euro. Die Zahl der mehr als 100.000 Super-Reichen (qua Definition mehr als 30 Millionen Dollar Besitz) wird sich wohl bereits in sieben bis neun Jahren verdoppeln. Die große Frage für Unternehmen wie die Champagnerhäuser ist nun: Wie bringt man Menschen, die bereits alles besitzen, zum Geldausgeben?

Mit Angeboten, die es nur selten gibt. So wie die Flasche Dom Pérignon, die Karl Lagerfeld exklusiv designt hat. Es existiert nur eine Handvoll Exemplare, was den Preis auf über 30.000 Euro treibt. Oder Dom Pérignon Vintage 1995 White Gold Jeroboam: Die Flasche ist unter anderem mit Weißgold eingefasst und kostet 17.000 Euro.

Diese nie dagewesene Inflation des Reichtums, hat – so ungerecht sie sein mag – auch eine barocke Seite. Weil das Angebot an »Ultra-Luxus« nicht Schritt halten kann mit der explodierenden Nachfrage, ist ein globaler Wettstreit entbrannt, der an das Buhlen um die Gunst des Sonnenkönigs erinnert.

Die Spezialeditionen von Dom Pérignon, Krug und Bollinger, die großen Weine aus Bordeaux, Mouton-Rothschilds und die Latours bedienen die verwöhnte Kundschaft. Denn ein großer Wein hat die Eigenheit, mit jedem vergehenden Jahr seltener und noch wertvoller zu werden.

Wer kann noch höher, besser, teurer? Denn wie Ludwig XIV. will auch der neue Geldadel vor allem eines nicht: gelangweilt werden. Für Extremisten empfiehlt sich da der »Goût de Diamants, Taste of Diamonds«, der zwischen einer und zwei Millionen Dollar gehandelt wird. Nicht wegen des Schaumweins, sondern weil der Künstler Alexander Amosu für Swarowski eine Art Superman-Logo unter anderem aus 18-karätigen Weißgold und einem 19-karätigen Diamanten geschaffen hat.

Früher war allenfalls ein Rockefeller ein Star der bunten Blättchen. Die neuen Milliardäre, wie der russische Oligarch Roman Abramovitch, oder Multi-Millionäre wie Paris Hilton und Jay Z leben sich ungeniert öffentlich aus, tragen den Mega-Luxus demonstrativ zur Schau.

Reichtum und Macht alleine genügen nicht, sie müssen auch in Erscheinung treten. Das in der Volkswirtschaft als »Veblen-Effekt« bezeichnete Phänomen beschreibt dabei die paradoxe Situation, dass in diesen Kreisen ein Gut trotz steigender Preise eine erhöhte Nachfrage erfahren kann (normalerweise geht die Volkswirtschaft vom Gegenteil aus). Dieser Effekt ist nach dem norwegisch-amerikanischen Ökonomen Thorstein Veblen (1857 – 1929) benannt, der in seiner »Theory of the Leisure Class« von 1899 unter anderem die Bedeutung der Luxusproduktion im Kapitalismus untersuchte. Die Nachfrage betrifft sogenannte Veblen-Güter – das sind Güter, bei denen ein sehr hoher Preis deren Exklusivität herausstreicht. Es handelt sich um Geltungskonsum, nicht um Konsum, der für das normale Überleben notwendig ist. Diese Produkte sind sehr teuer und gerade deshalb begehrenswert – für eine bestimmte wohlhabende Klasse von Konsumenten. Champagner der Oberklasse gehört zu dieser Produktkategorie.

Veblen war Puritaner und alle nicht-produktive Arbeit betrachtete er als Verschwendung und lehnte sie ab. Für ihn war produktive Arbeit Ausdruck von Moralität. Luxusgüter, die sich eine »leisure class«, eine Klasse von reichen Menschen, leisten, ohne dafür arbeiten zu müssen, dienen als Ausweis von Raffinement und Unterscheidung (»markers of distinction and refinement«). Nach Veblen hat dies zur Folge, dass produktive Arbeit abgewertet wird und weite Kreise außerhalb der privilegierten Klassen versuchen, dem Lebensstil der Reichen nachzueifern. Je weiter solche Marker entfernt sind von der existentiellen Notwendigkeit, desto höher das Prestige. In diesem Modell werden deshalb auch Kunst und Kultur – die ja mit der Existenzsicherung nichts zu tun haben – als letztlich überflüssig bewertet.

Voltaires Plädoyer für den »superflu«, den Überfluss und den Luxus gilt es hier zu verteidigen und damit auch für die »überflüssige« Kunst und Kultur. Konsum lässt sich nicht auf Nützlichkeit und Funktionalität einschränken. Kunst und Kultur und damit der Überfluss gehören zum Leben dazu. Sie sind eine Quelle von Genuss und damit Lebensglück.

Auf der einen Seite gibt es den Luxus, der jedem Reichen zugänglich ist und der demonstrativ nach außen wirkt (Ferrari, Luxusvilla, Super-Yacht), auf der anderen Seite den Luxus, der sich nur dem erschließt, der ihn zu genießen versteht. Nicht jeder Reiche ist zugleich ein Kenner und nicht jeder Kenner ist zugleich reich. Feinschmecker und Genießer müssen keine Yacht-Besitzer sein, wenn sie sich zu besonderen Anlässen besondere Champagner gönnen.

CHAMPAGNER GOES HOLLYWOOD

Champagner verbreitet Glamour, lässt träumen und erinnert an die Reichen und Schönen. Aber auch an das große Kino. Kein Wunder, dass die bewegten Bilder eine Spielwiese für den Champagner sind.

Einige Beispiele.:

Die James-Bond-Filme sind mittlerweile eine fast pausenlose Product-Placement-Veranstaltung und finden trotzdem noch immer ein Riesenpublikum. Prickelnder Schampus wird da gerne genommen, um den Helden James Bond zu charakterisieren.

In »007 jagt Dr. No« (1962), der erste Film der James-Bond-Reihe nach den Romanen von Ian Fleming, präsentiert der Bösewicht sadistisch einen noch verkorkten Dom Pérignon '55: »Es wäre schade drum, ihn jetzt zu öffnen«. Sean Connery spielte hier den legendären Geheimagenten 007. Bonds trockene Antwort: »Ich bevorzuge ohnehin den '53er.«

In »Der Spion, der mich liebte« (1977) will Bond, nun dargestellt von Roger Moore, eine Flasche Dom Pérignon in seinem Zugabteil trinken. Lässt sie aber zur Selbstverteidigung am Kopf des Bösewichts (»der Beißer«) zerschellen. In einer anderen Szene spricht er versonnen über den Bösewicht Stromberg (gespielt von Curd Jürgens): »Ein Mensch, der Pérignon '55 trinkt, kann nicht wirklich böse sein…«

In Ian Flemings Romanvorlage herrschte noch eine rechte Vielfalt an Champagnermarken: Veuve Clicquot, Dom Pérignon, Krug, Pommery and Taittinger. In den Filmen kommt der Dom Pérignon 7-mal vor, Bollinger sogar 17-mal. Warum nun gerade Dom Pérignon in den früheren Bonds und Bollinger in den späteren? Bollinger war immerhin unter sieben Monarchen englischer Hoflieferant. Der langjährige Produzent der Streifen, »Cubby« Broccoli, hatte 1978 Freundschaft geschlossen mit dem Chef des Hauses Bollinger, Christian Bizot. Es zahlte sich offenbar aus: Ab »Moonraker – Streng geheim« (1979) hatte

Bollinger die Hoheit über Bond-Filme. »Wir bezahlen nichts für diese Präsenz«, heißt es heute bei Bollinger, was aber wohl als vornehme Zurückhaltung zu interpretieren ist.

Eher weniger vornehm als offensiv nutzt Bollinger den Bond-Faktor aus. Eine 007-Spezialausgabe, inklusive Eispickel in Form einer Bond-Pistole und Kristall-Champagnerkühler wurden für 6000 Euro angeboten. Der Champagner? Ja, der wird auch mitgeliefert, und zwar ein Top Jahrgang (R.D., »récemment dégorgé«,1988).

1928, zur Stummfilm-Zeit, konnte Alfred Hitchcock noch wagen, einen Film »Champagner« zu nennen (heute bekäme er Schwierigkeiten mit der Champagner-Polizei). Der Film beginnt und endet mit einer Einstellung direkt aus dem Champagnerglas, gefilmt in Richtung Trinkender. Hitchcock distanzierte sich später von seinem Film – er fand die Geschichte albern – nicht jedoch den Champagner.

In »Frühstück bei Tiffany« (1961) nach dem gleichnamigen Roman von Truman Capote mag die glamouröse Holly Golightly (alias Audrey Hepburn) ihren Champ so sehr, dass sie die Flaschen schon vor dem Frühstück köpft. Der Liebesfilm »Die große Liebe meines Lebens« (1957) gilt als einer der romantischsten Filme aller Zeiten. Cary Grant beschreibt seiner Partnerin Deborah Kerr darin, wie das perfekte Leben aussieht: »Wie Rosé-Champagner – so sollte es sein.«

Auch im legendären »Casablanca« (1942) von Michael Curtiz sprudelt Champagner in vielen Szenen. Mumm und Veuve Clicquot. Humphrey Bogart (Rick, Filmpartner von Ingrid Bergmann): »Henri will, dass wir diese und nochmal drei Flaschen

Champagner trinken. Er sagt, lieber würde er den Garten mit Champagner gießen, als ihn den Deutschen zu überlassen.«

In »The Great Gatsby« (2013) von Baz Luhrmann haben Riesen-Flaschen ihren großen Auftritt neben Hauptdarsteller Leonardo DiCaprio. In dieser fünften Verfilmung des 1925 erschienenen Romans von F. Scott Fitzgerald werden zwischen Pyramiden von Champagnergläsern Balthazars (16 Flaschen Inhalt) und Nebuchadnezzars (20 Flaschen) geköpft. Marke: Moët.

FLASCHENGRÖSSEN

Nebuchadnezzar	15 Liter	(20 Flaschen)
Balthazar	12 Liter	(16 Flaschen)
Salamanzar	9 Liter	(12 Flaschen)
Methusalem	6 Liter	(8 Flaschen)
Rehoboam	4,5 Liter	(6 Flaschen)
Jehoboam	3 Liter	(4 Flaschen)
Magnum	1,5 Liter	(2 Flaschen)
Ganze Flasche	75 cl	
Halbe Flasche	37,5 cl	
Viertel Flasche	18,7 cl	

DIE WUNDERSAME
SCHAMPUS-
VERMEHRUNG

Champagner

DIE CHAMPAGNE WIRD GRÖSSER

»Zu viel von irgendetwas ist schlecht,
zu viel Champagner ist gut.«

Mark Twain

Die Welt dürstet nach Champagner. Von Cannes über Sankt Moritz bis zu den hippen Bars von Shanghai knallen die Korken in immer schnellerem Rhythmus. 340 Millionen Champagner-Flaschen wurden 2015 weltweit geköpft, und dieser Rekord müsste eigentlich für alle Zeit Bestand haben.

Eigentlich. Denn mehr Edel-Reben dürfen nach den strengen Vorgaben der geschützten Herkunftsbezeichnung (A.O.C.) nicht angepflanzt werden. Gleichzeitig kommen Länder wie China, Indien oder die USA immer mehr auf den edlen Geschmack, sodass für die kommenden Jahre eine mindestens um zehn Prozent höhere Nachfrage erwartet wird. Besonders die Manager der großen Champagner-Häuser wie Moët & Chandon überlegen, wie dem Problem beizukommen sei: Wie wohl könnte die Menge der Champagner-Trauben erhöht werden, ohne dabei das A.O.C.-Dekret zu verletzen?

Die Lösung: das Champagner-Dekret ändern, das seit 1927 gilt. Damals – heute kaum mehr vorstellbar – wollten manche Dörfer explizit nicht in die Champagner-Zone integriert werden, weil so mancher mehr Gewinn mit Getreide als mit Weinreben machen konnte. Doch die Verhältnisse haben sich geändert: Auf die noch Auszuwählenden – ungefähr 40 Dörfer am Rand der heutigen Champagner-Zone – dürfte ein wahrer Goldregen prasseln: ein Getreidefeld würde über Nacht 200-mal mehr wert.

Bei diesem Sturm im Champagner-Glas stehen sich zwei starke Interessengruppen gegenüber: Hier die großen Champagner-Häuser, die nur den kleinsten Teil der Reben selbst anbauen. Dort die 15.000 Champagner-Bauern, die 90 Prozent aller Trauben liefern. »Wenn wir das Gebiet nicht ausdehnen, wird sich der Champagner automatisch verteuern, was dramatische Folgen auf dem Weltmarkt haben kann«, warnte Ghislain de Montgolfier, Vertreter der großen Häuser (UMC).

Die Winzer hingegen warnen davor, das Erfolgsmodell Champagner aus den Fugen zu heben. Und überhaupt, meint der Weinbauverband CIVC: Seit wann sei es schädlich, dass die Nachfrage das Angebot übersteigt? Trotzdem müssen beide Gruppen nach einem Kompromiss suchen, mit denen Winzer und Champagner-Häuser leben können. Doch das wird nicht so einfach sein, noch stehen keine neuen Champagner-Dörfer fest. »Die Mitglieder der Auswahl-Kommission sollten schusssichere Westen tragen«, sagt man in der Champagner-Hauptstadt Reims. »Es ist wie bei der Wahl der Miss World«, sagt Montgolfier, »alle Teilnehmerinnen glauben, sie seien die Schönsten«.

Doch ganz so schnell geht es in der traditionsbewussten Champagne auch wieder nicht zu: Die Auswahl muss durch mehrere Instanzen, bis das höchste Verwaltungsgericht entscheidet. Und dann wird eine ganze Prozess-Serie erwartet, sodass mit dem entscheidenden Dekret nicht vor 2020 zu rechnen ist. Danach wird es noch einmal Jahre dauern, bis die Trauben der ersten neu gesetzten Reben zu Champagner werden.

Und wenn die Ausweitung zu spät kommt? Durch den Klimawandel könnten die besten Champagner bald in England wachsen. Abgesandte des Champagner-Hauses Roederer haben schon einmal vorgebaut: Sie haben im Süden Englands Ausschau gehalten nach den Champagnerböden von morgen.

Kaum ein Zweifel besteht noch daran, dass der Klimawandel den Weinbau komplett verändern wird. Denn er tut es bereits: Innerhalb der vergangenen 20 Jahren verschob sich die Ernte im Schnitt um ein bis zwei Wochen nach vorne, die Säure nimmt ab, die Tannine werden reifer, Zucker- und Alkoholgehalt höher. »Bis 2050 werden die Temperaturen wohl um 1,5 bis 2 Grad steigen«, sagt Jean-Marc Touzard, der zur wissenschaftlichen Task-Force der französischen Regierung über die Folgen des Klimawandels für den Wein gehört. »Wir müssen für jedes Anbaugebiet und oft für jedes Dorf eine Strategie finden.« Eine erste Folgerung des Wissenschaftlers wird den Winzern kaum gefallen: Die Weinbaugebiete sollten weiter nach Norden verlegt werden.

»Very british Champagne« wüchse dann in East Sussex und Kent. Was auch in Frankreich kaum jemand weiß: Die Engländer produzieren bereits Schaumwein. Die Queen ist zum Beispiel Stammkundin bei »RidgeView« und US-Präsident Barack Obama bekam beim Staatsbesuch ein Gläschen vorgesetzt, und wenn »RidgeView«-Winzer Mike Roberts mit seinem Perlwein auf einer Verkostung auftaucht, sammelt er Auszeichnungen – weltweit. Denn es herrschen gute Bedingungen für Wein in dieser hügeligen Gegend, die sich South Downs nennt. Die Champagne liegt auf der anderen Seite des Ärmelkanals, die Böden sind ähnlich, das Wetter ebenso.

Natürlich dürfen die Winzer ihre Produkte nicht Champagner nennen, sie heißen schlicht Sparkling Wine, hergestellt allerdings meist aus den klassischen Champagner-Rebsorten Chardonnay, Pinot noir und Pinot meunier.

Schwierig war bislang die Vermarktung. Warum einen englischen Sparkling Wine trinken, wenn man für dasselbe Geld auch einen Champagner kaufen kann? Einige Wissenschaftler der Oxford Universität glauben, der Klimawandel könnte in 50 Jahren dazu führen, dass sich das weinfreundliche Klima der Bordeaux-Region nach Norden bis nach Großbritannien verschieben wird. Dorthin, wo heute einige wenige Winzer mit den widrigen klimatischen Verhältnissen zu kämpfen haben.

In Anlehnung an die offizielle Hymne »Three Lions« der englischen Fußballnationalmannschaft für die Europameisterschaft 1996 in England könnte der Refrain dann heißen »Champagne's coming home«. Unbestritten ist, dass der Wissenschaftler Dr. Christopher Merret bereits 1662 der Royal Society in London ein achtseitiges Dokument präsentiert hat, das mit der Flaschengärung von Wein befasst war. Der Impuls für den schäumenden Wein war aus England gekommen.

Trotzdem hat es Champagner über mehr als drei Jahrhunderte geschafft, einen Alleinvertretungsanspruch für gehobenen Genuss zu erheben. Da wird es noch dauern, bis jemand über englischen Sparkling Wine sagen wird: »Meine Vorstellung vom Himmel ist es, zuhause mit einer Käseplatte und Champagner zu entspannen« (US-Schauspielerin Lea Michele). Oder die Schriftstellerin Hester Browne: »Für besondere Ereignisse sollte man immer eine Flasche Champagner im Kühlschrank haben. Manchmal ist das besondere Ereignis, einen Champagner im Kühlschrank zu haben.«

Champagner

FÜR BESONDERE EREIGNISSE

SCHAUMWEINE IM ÜBERBLICK

Nur die Schaumweine aus der Champagne dürfen Champagner genannt werden und der Begriff Champagnerverfahren (»méthode champenoise«), der sich auf die zweite Gärung in der Flasche bezieht, ist ebenfalls geschützt. Es werden auch Schaumweine anderer Regionen nach dieser Methode hergestellt, doch darf es dann nur »méthode traditionelle« oder »méthode classique« genannt werden.

Qualitätsschaumweine müssen nach EU-Richtlinie bei 20° C mindestens einen Kohlesäuredruck von 3,5 Bar und einen Alkoholgehalt von mindestens 10 Vol. % aufweisen. Champagner erreicht hier in der Regel 5 bis 6 Bar und 11 bis 12 Vol. % Alkohol.

◆ WINZERSEKT // Bezeichnung für in Deutschland nach der traditionellen Methode (Flaschengärung) erzeugten Schaumwein mit der Klassifikation b.A. (besonderes Anbaugebiet). Alle Trauben stammen zu 100% aus dem Gebiet. Winzersekte gibt es in allen deutschen Weinbauregionen und für alle in Deutschland üblichen Traubensorten. Meist sind sie sortenrein, bevorzugt werden Riesling, Chardonnay und Spätburgunder eingesetzt. Bei Jahrgangsangaben müssen mindesten 85% der Trauben auch aus diesem Jahr sein. Neben der Flaschengärung darf auch das Transvasierverfahren, also die Entfernung des Depots durch Filtration, eingesetzt werden.

◆ CRÉMANT // Seit 1994 Bezeichnung für in Frankreich erzeugte Schaumweine außerhalb der Region Champagne. Bekannte Crémants gibt es aus dem Elsass, Burgund, Bordeaux und anderen Weinbauregionen. Charakteristisch ist auch hier die Flaschengärung (»méthode traditonelle«). Der Kohlensäuredruck ist bei halber Zuckermenge mit 3,5 Bar nur etwa halb so groß wie beim Champagner.

◆ SPUMANTE // Abgeleitet von »spuma« für »Schaum« bezeichnet Schaumwein und Qualitätsschaumwein in Italien. Die zweite Gärung erfolgt entweder in der Flasche (»metodo tradizionale«) oder im Tank (Charmat-Verfahren). Prosecco wird aus der weißen Traubensorte gleichen Namens hergestellt (hauptsächlich in der Provinz Treviso). Asti Spumante wird in der Provinz Asti nach der »méthode rurale« hergestellt. Der Traubenmost vergärt in einem druckfesten Tank bei 20° C; sobald ein Überdruck von 3 Bar erreicht ist, wird die Gärung abgebrochen und der Wein in Flaschen gefüllt. Der Alkoholgehalt liegt unter 10%.

◆ CAVA // Von spanisch »cava« für »Keller« bezeichnet den Schaumwein aus spanischer Herstellung. In der Klassifikation DO steht »O« zwar für »origen«, bezeichnet aber nicht das Herkunftsgebiet, sondern die Qualitätsbezeichnung Cava. Die Herstellung erfolgt hier auch nach der traditionellen Methode. Die meisten Cava kommen aus dem Weinbaugebiet Penedès südwestlich von Barcelona. Der vorgeschriebene Alkoholgehalt liegt bei 11% bis 13%. Von Brut Nature bis Dulce sind alle Geschmacksrichtungen im Angebot.

TRANSVASIERVERFAHREN

Das Wort kommt von französisch »transvaser« – »umgießen, umfüllen«. Es handelt sich hier um eine Variante der Flaschengärung, die sich auch offiziell so bezeichnen darf. Nach der zweiten Gärung werden die Flaschen unter Druck in einen Großbehälter entleert, das Depot durch Filtration beseitigt und die Versanddosage zugegeben. Der fertige Schaumwein wird dann in Flaschen gefüllt. Das Degorgieren und Rütteln entfällt hierbei. Dieses Verfahren sorgt für eine sehr gleichmäßige Qualität des Weins.

CHARMATVERFAHREN

Dieses Verfahren ist nach dem französischen Wissenschaftler Eugène Charmat benannt. Die zweite Gärung findet hier in einem druckfesten geschlossenen Tank statt, der mit einem Rührwerk ausgestattet ist. Das Kohlendioxid löst sich unter diesen Druckverhältnissen im Wein. Das Herausfiltern des Depots und die Flaschenabfüllung erfolgen unter Druck. Diese Methode ist kostengünstiger als die reine Flaschengärung und es liegt am Ende ein einheitliches Produkt vor. Degorgieren und Rütteln entfallen hier. Allerdings entwickelt sich der Schaumwein im Fass aus önologischer Sicht anders als in den Flasche.

Bibliographie

Arntz, Helmut: Sekt und Champagner. München 1976

Brillat-Savarin, Anthelm: Physiologie des Geschmacks oder physiologische Anleitung zum Studium der Tafelgenüsse. 1888 (Erste Auflage der französischen Ausgabe: 1824)

Crestin-Billet, Frédérique: Champagner. Rastatt o.J.

Davidson, Joanne: Denver and Heidsieck. In: The Denver Post, 11. August 2014.

Juhlin, Richard: Champagner Guide. Stansstad 2009

Jullien, André: Topographie de tous les vignobles connus, 1822.

Kladstrup, Don und Petie: Champagner. Die dramatische Geschichte des edelsten aller Getränke. Stuttgart 2007

Liger-Belair, Gérard: Uncorked. The Science of Champagne. Revised Edition, Princeton 2004

Liger-Belair, Gérard/Polidori, Guillaume: Sturm im Champagnerglas, in: Spektrum der Wissenschaft Oktober 2008. S. 24–29.

Musset, Benoît: Vignobles de Champagne et vins mousseux. Histoire d'un mariage de raison (1650 – 1830). Ligugé, Poitiers 2008.

Newton, William Ritchey: Hinter den Fassaden von Versailles. Mätressen, Flöhe und Intrigen am Hofe des Sonnenkönigs. Berlin 2010

Rädle, Klaus: Champagner. Fakten, Daten, Hintergründe. Berlin, 2009

Simon, André/Arntz, Helmut: Champagner und Sekt. Berlin, Frankfurt, Wien 1962

Stublia, Belinda: Die neue Weinschule. Luzern 2009

Sutaine, Max: Essai sur l'histoire des vins de la Champagne. Reims 1845

Tomes, Robert: The Champagne Country. New York 1867

Veblen, Thorstein: The Theory of the Leisure Class. 1899

Herbert Eisenschenk

EXPERIMENT AUROVILLE – Leben auf eigene Gefahr

Gebunden, 344 Seiten
mit 44 Schwarz-Weiß-Fotos

ISBN: 978-3-942194-21-1

NEU DENKEN – ANDERS LEBEN

Kann eine Gesellschaft ohne Polizei, Geld, Parteien und Religionen funktionieren? In einem kleinen Ort Südindiens findet seit fast fünfzig Jahren ein einzigartiges Experiment statt. Das Ziel: Ein Leben in größtmöglicher Eigenverantwortung als einzige und vielleicht letzte Rettungsmaßnahme für Mensch und Natur. Bereits im Gründungsjahr 1968 wurde Auroville unter Protektion eines indischen Verfassungsgesetzes gestellt und bis heute hält die UNESCO ihre schützenden Hände über das Lebensexperiment.

Beim Drehen einer Filmdokumentation über Auroville wurde dem Autor die globale Bedeutung dieses Experiments bewusst. Das Buch ist die Essenz seiner Beobachtungen und Erfahrungen. Es lässt viele Aurovillianer zu Wort kommen, die über sich und das Leben an diesem spannenden Ort erzählen.

Paul Koudounaris

KATAKOMBENHEILIGE – Verehrt – Verleugnet – Vergessen

Gebunden, 192 Seiten
mit 105 Fotos

ISBN: 978-3-942194-18-1

GLANZ DES TODES

1578 entdeckte man in Rom ein Labyrinth unterirdischer Begräbnisgänge, in denen sich die sterblichen Überreste Tausender Menschen – mutmaßlich frühchristliche Märtyrer – fanden. In der Folge barg man die Überreste dieser sogenannten Katakombenheiligen, brachte sie in katholische Kirchen und Klöster, verzierte sie mit Gold und Edelsteinen und kleidete sie in prächtige Gewänder. Annähernd drei Jahrhunderte lang verehrte man die »Heiligen Leiber« als Wundertäter und Beschützer der Gemeinde, bis die Zweifel hinsichtlich ihrer Authentizität schließlich die Oberhand gewannen.

Dieses Buch wirft ein strahlendes Schlaglicht auf die in Vergessenheit geratenen Katakombenheiligen. Neben glanzvollen Bildern von über 70 spektakulär mit Juwelen besetzten Skeletten finden sich die bewegenden Geschichten zahlreicher Katakombenheiliger und seltenes Archivmaterial. Damit werden einige der atemberaubenden Reliquien erstmals veröffentlicht, da es Paul Koudounaris gelang, Zutritt zu ansonsten eher unzugänglichen religiösen Einrichtungen zu erhalten.

Éric St-Pierre

FAIR TRADE – Eine Reise um die Welt

Gebunden, 240 Seiten
mit 350 Fotos

ISBN: 978-3-942194-10-5

LEBEN UND LEBEN LASSEN

Seit fast 25 Jahren gibt es in Weltläden und Supermärkten fair gehandelte Waren. Dass es dabei nicht nur um ein Konzept geht, mit dem man Veränderungen in der Welt bewirken und gerechtere Bedingungen für alle schaffen kann, wird besonders deutlich, wenn man den Menschen begegnet, denen der faire Handel in erster Linie zugute kommt und deren Leben durch Fairtrade-Initiativen neue Perspektiven bekam. Éric St-Pierre bereiste auf den Spuren des Fairtrade 17 Länder und brachte beeindruckende Bilder und persönliche Texte von diesen Reisen mit.

Neben der Begegnung mit den Menschen bilden die Produkte, die sie anbauen oder herstellen, einen Schwerpunkt des Buches. Die 14 Kapitel stellen jeweils eines dieser Produkte vor: Kunsthandwerk, Kaffee, Kakao, Zucker, Tee, Blumen, Reis, Baumwolle, Sheanuss, Quinoa, Wein und Guarana. Abgerundet wird jedes Kapitel durch informative Essays sowie Daten und Fakten zum fairen Handel.

Florian Heine

EXTREME LEBEN – Oder was ist schon normal?

Gebunden, 192 Seiten
mit 120 Fotos

ISBN: 978-3-942194-16-7

WIE MENSCHEN (ÜBER)LEBEN

Vom kältesten bewohnten Ort bis zum höchsten Arbeitsplatz; von großer Armut bis zu unvorstellbarem Reichtum; von der Beschaulichkeit eines Schweigeklosters bis zum Leben im größten Flüchtlingscamp. Geografisch, politisch, gesellschaftlich, religiös, persönlich: In EXTREME LEBEN zeigen Autoren und Fotografen außergewöhnliche Bedingungen des menschlichen Zusammenlebens und bieten Einblicke in Lebensumstände, die weit ab unserer Vorstellung von Normalität liegen. Wie ist das Leben der letzten Urvölker im Regenwald, wie als Pendler in einer 30-Millionen-Megametropole? Wie gelingt es den Dabbawalas im Chaos von Mumbai Hunderttausende von Essen täglich korrekt zu liefern? Wie lebt es sich im teuersten Privathaus der Welt – und wie in der Schwerelosigkeit einer Weltraumstation?

Ein Buch, das uns mit faszinierenden Texten und Bildern zum Staunen bringt – und unser »normales« Leben mit all seinen Selbstverständlichkeiten in einem ganz neuen Licht erscheinen lässt.

www.grubbemedia.de
3. Auflage

Autor / Reinhard Pietsch
Konzeptidee / Manfred Weber-Lamberdière

Illustrationen / Sophie Hölle
Titelfoto / Steve Cukrov
Druck: Friedrich Pustet GmbH & Co. KG

ISBN: 978-3-942194-22-8

Bibliografische Information der Deutschen Nationalbibliothek:
Die Deutsche Nationalbibliothek verzeichnet diese Publikation in der Deutschen Nationalbibliografie; detaillierte bibliografische Daten sind im Internet unter www.dnb.de abrufbar.